中小企業等協同組合会計基準

全国中小企業団体中央会 編

第一法規

は　し　が　き

　中小企業組合においては、法律の規定により理事は、事業報告書、財産目録、貸借対照表、損益計算書及び剰余金処分案又は損失処理案を組合の主たる事務所に備えて置くこと、監事の監査を受けてこれらの書類を通常総会に提出し、その承認を求めなければならないことになっている。

　中小企業庁は昭和27年10月、中小企業組合の会計に関する規範として「中小企業等協同組合経理基準」を制定した。その後、商法、税法、組合法等の改正に伴い、全国中小企業団体中央会において政府指定事業の一環として、昭和34年2月、同39年3月、同46年3月、同51年3月、同59年3月及び平成3年3月の6回にわたって、その内容の一部改訂を行ってきた。

　その後、平成13年11月、企業活動と金融等のグローバル化、日本企業の会計基準も国際的な会計基準へ会計制度の変更等、会計制度の見直しを踏まえ、キャッシュ・フロー計算書、事業税の表示と各種引当金の取扱い、ソフトウェア会計基準、税効果会計、連結決算及び持分会計についての取扱いや考え方等を取り入れ7回目の改訂を行うとともに、表題を「中小企業等協同組合会計基準」に変更した。

　今回、これまで会計処理等に関する諸規定を有しなかった中小企業等協同組合法等が平成19年4月に改正法が施行され省令（中小企業等協同組合法施行規則）にこれらの規定が明記されたことを受けて、新たに制定された省令規定に基づき、主に勘定科目、財務諸表の各様式、事業報告書様式の見直し等を中心に8回目の改訂を行った。

　今後は、これまでと異なり中小企業等協同組合法を根拠法とする事業協同組合等の各種組合、中小企業団体の組織に関する法律を根拠法とする商工組合等の各種組合及び商店街振興組合法を根拠法とする商店街振興組合等の関係者は、各根拠法の省令に規定された会計処理等に関する規定を遵守する義務が生じることに留意する必要がある。

　加えて、省令では触れられていない組合特有の会計処理についても配慮し、省令で義務付けられていない事項についても、組合運営の円滑化の観点から各種指針となるべき事項を盛り込んだほか、業務監査権限の付与をはじめとする監事の権限強化に配慮し内部監査

の円滑な実施に当たっての着眼点等を追加した。

　なお、本会計基準を適用すべき対象は、前述のとおり、中小企業等協同組合法、中小企業団体の組織に関する法律及び商店街振興組合法を根拠法とする各種組合であり、それぞれの会計処理等に関する規定はそれぞれの施行規則で定められているが、それぞれには同様の規定が置かれていることから、本会計基準中に引用した法律及び規則は、紙面の制約から主に中小企業等協同組合法とその施行規則の規定のみを記載しているので留意されたい。

　最後に、本会計基準の改訂に当たり多大なご協力をいただいた別記委員ならびに経済産業省中小企業庁創業連携推進課の担当官の方々に対し、感謝の意を表する次第である。

　　平成19年8月

　　　　　　　　　　　　　　　　　　　　　　　　　全国中小企業団体中央会

中小企業等協同組合会計基準作成委員会
委 員 名 簿

(順不同・敬称略)

静岡産業大学　名誉学長	守　永　誠　治
町山合同会計町山三郎事務所　公認会計士・税理士	町　山　三　郎
坂本税務会計事務所　税理士	坂　本　一　公
塚越税務会計事務所所長　税理士	塚　越　正　司
大原大学院大学会計研究科　准教授	鷹　野　宏　行
全日本火災共済協同組合連合会　総務部長	山　内　昌　巳

目　次

第1章　総論

第2章　勘定科目
- 第1節　勘定科目表の体系 …………………………………… 5
- 第2節　勘定科目表 …………………………………………… 6

第3章　事業報告書と決算関係書類
- 第1節　事業報告書 …………………………………………… 35
- 第2節　財産目録 ……………………………………………… 40
- 第3節　貸借対照表 …………………………………………… 45
- 第4節　損益計算書 …………………………………………… 50
- 第5節　剰余金処分案又は損失処理案 ……………………… 64
- 第6節　脱退者持分払戻計算書 ……………………………… 68
- 第7節　連結決算関係書類 …………………………………… 69
- 第8節　非出資商工組合の決算関係書類 …………………… 76
- 第9節　注記表 ………………………………………………… 82
- 第10節　事業報告書、決算関係書類の提出と監査 ………… 86

第4章　事業計画と予算関係書類
- 第1節　事業計画 ……………………………………………… 91
- 第2節　収支予算（見積損益計算書） ……………………… 93

第5章　個別会計基準
- 第1節　時価会計 ……………………………………………… 107
- 第2節　キャッシュ・フロー計算書 ………………………… 113
- 第3節　ソフトウェア会計基準 ……………………………… 123
- 第4節　税効果会計 …………………………………………… 125

第5節	持分会計	*128*
第6節	減損会計	*135*
第7節	リース会計	*138*

第6章　管理会計

第1節	財務会計と管理会計	*141*
第2節	利益計画と資金計画	*141*
第3節	事業別会計における予算統制	*147*
第4節	組合コンピュータ管理	*150*

第7章　監査制度

第1節	内部監査と外部監査	*153*
第2節	監査基準	*153*
第3節	内部統制組織	*156*
第4節	内部監査計画	*162*
第5節	業務監査の着眼点	*164*
第6節	会計監査の着眼点	*180*
第7節	監査制度の改正について	*207*

第1章　総論

1　今回の中小企業等協同組合会計基準改訂の必要性

　組合の経営の姿は時の経過と共に変わっていき会計記録がなくてもいくらかの記憶は残っているものである。この点から考察すると組合会計は見えなくなっていく組合の経営の姿をできるだけ透明性を高めて真実の姿で写し出し、組合員をはじめ、組合を取り巻く利害関係者である国・都道府県・金融機関・取引先・消費者等に正しい情報を伝え、判断を間違えないようにすることが目的である。

　我が国の企業会計システムについては、経営の合理化、金融適正化、課税の公正化等の目的として、第2次世界大戦後の混乱期に戦前から存在していたアメリカの会計原則をまず取り入れて、我が国の企業会計原則が昭和24年に中間報告として発表され、それを配慮し、中小企業組合特有の会計実務を勘案し、中小企業等協同組合経理基準が昭和27年に制定され、その後、数次にわたり改訂されてきたものである。

　しかし、この経理基準制定後の我が国の経済は特に中小企業の活力が源となって驚異的発展を遂げ、さらに中小企業組合は事業協同組合のほかに商工組合や商店街振興組合等が制度化された。この間、我が国のGDPは飛躍的に発展した。約40年にわたる東西冷戦が平成元年にアメリカのブッシュ大統領と旧ソ連のゴルバチョフ書記長の間で和解がなされて以来、国際経済はグローバリゼーションの迎えたのであった。このために従来の我が国の企業会計原則はInternational Accounting Standards（IAS：国際会計基準）を参考にして大幅な改定がなされ、そのうねりが会計ビッグバンとして各方面に影響を与えた。

　国際会計基準では、企業における利害関係者の意思決定に有用な情報を提供することを目的に、資産及び負債の時価情報を貸借対照表に直接的に反映させる。取得原価主義を前提とした投資回収計算が行われていた従前の会計システムからは大きく変わる内容となった。そこにおける資産・負債アプローチでは、資産及び負債の定義を厳密に行い、それらからはずれたものを純資産とする。また、資産及び負債の時価の変動差損益は原則として損益計算書に反映させる。

第1章　総論

　元来、国際会計基準は資本市場の国際化を前提とした多国籍の上場企業に対する基準として発達した。しかしながら、国内のみで活動する中小企業にもその適用対象が拡がってきている。さらに、国際的動向としても、域内で限定的に事業を展開する協同組合等に対しても国際会計基準が適用されるようになっている。国際会計基準は非営利的事業を展開する組織にも適用対象が拡がったのである。

　そのような状況にかんがみ、中小企業等協同組合会計基準（以下「組合会計基準」という。）においても、平成13年度改訂では、新会計基準である金融商品会計、税効果会計、キャッシュ・フロー会計、連結会計が導入された。

　今回の平成19年度改訂では、加えて、リース会計、減損会計が導入される運びとなった。また、平成18年度における会社法並びに会社計算規則の施行、平成19年における中小企業等協同組合法等の一部を改正する法律等の施行により、企業会計で導入されることになった資本の部から純資産の部への名称変更も今回の改訂では取り入れられた。加えて、ガバナンス強化の観点から、内部監査の充実が図られるよう内容の充実が図られた。

　新時代のニーズとして共同事業の高度化を図り、組織を健全に発展させるためには組合会計基準を改訂しなければならないのである。

2　組合会計と企業会計原則

　事業協同組合をはじめとする中小企業等協同組合（以下「組合」という。）の会計（以下「組合会計」という。）とは、その組合に属する資産、負債及び純資産に増減変化の影響を及ぼすすべての取引を、正規の簿記の原則に従って正確かつ迅速に処理し、組合運営の一環たる責任を果たすとともに、総会への報告並びに関係官庁等へ提出するための財務諸表を作成する会計組織及び事務の一切をいうのである。

　組合会計がその機能を十分に発揮するために留意しなければならない点は、企業会計原則でいわれているように、次の原則に従う必要がある。

1　組合会計は、組合の財政状態及び経営成績に関して、真実な報告を提供するものでなければならない。（真実性の原則）
2　組合会計は、すべての取引につき、正規の簿記の原則に従って、正確な会計帳簿を作成しなければならない。（正規の簿記の原則）
3　資本取引と損益取引とを明瞭に区分し、特に資本剰余金と利益剰余金を混同してはな

らない。(剰余金区分の原則)(資本取引・損益取引区分の原則)

4　組合会計は、財務諸表によって、組合員をはじめ利害関係者に対し必要な会計事実を明瞭に表示し、組合の状況に関する判断を誤らせないようにしなければならない。(明瞭性の原則)

5　組合会計は、その処理の原則及び手続を毎期継続して適用し、みだりにこれを変更してはならない。(継続性の原則)

6　組合の財政に不利な影響を及ぼす可能性がある場合には、これに備えて適当に健全な処理をしなければならない。(保守主義の原則)

7　総会提出のため、信用目的のため、租税目的のため等種々の目的のために異なる形式の財務諸表を作成する必要がある場合、それらの内容は、信頼しうる会計記録に基づいて作成されたものであって、政策の考慮のために事実の真実な表示をゆがめてはならない。(単一性の原則)

　組合会計においては、剰余金の配当、持分の計算、加入金の処理、事業別会計等特殊な会計処理を必要とするものがあるから、十分留意して適正な処理を行うことが必要である。

第2章　勘定科目

第1節　勘定科目表の体系

　組合は、組合員間の相互扶助や共益を目的とする非営利的事業を展開する組織である。株主への利益還元を第一義とし、積極的に営利活動を推進する株式会社とは、その組織原理を異にする。

　協同組合をはじめとする非営利組織の会計は、長らく利益を追求する株式会社のそれとは一線を画するものと考えられてきたが、近年、国際的には企業会計との調和化が進められる傾向にある。国際的な状況に鑑み、今回の組合会計基準の改訂は、企業会計における新会計基準を積極的に取り入れたものとなっている。中小企業等協同組合法（以下「中協法」という。）の施行規則（以下「中協法規則」という。）第71条には、一般に公正妥当と認められる企業会計の基準へのしん酌規定が設定されたため、企業会計と同様の内容と考えられる。

　しかしながら、組合会計基準の内容が会社計算規則等の企業会計のそれと調和化されつつあるとはいえ、組合の存在意義が新しい会計基準によって縛られることがあってはならない。組合はあくまでも社会的弱者が協力して、組合員が相互扶助の精神のもと、互いに利益を享受しあうことが前提の組織であって、やはり株式会社とは一線を画する組織である。

　中協法規則第71条には、企業会計基準と並んで、その他の会計慣行として組合会計基準もしん酌の対象とされている。

　勘定科目の選択に当たっては、組合独自の科目を尊重し、組合会計の論理と企業会計の論理が対峙する局面では、組合のアイデンティティーにまでさかのぼり処理を行うことが肝要である。具体的には、組合の組合員間の共益を目的とした事業に充てる賦課金収入、組合員の相互啓発並びに教育訓練のための費用に充当する内部留保を意味する教育情報費

用繰越金、先に加入した組合員と後から加入した組合員間の出資持分を調整するための加入金などは、株式会社には存在しない組合独特の代表的な科目である。

なお、平成18年に施行された会社法の施行に伴う関係法律の整備等に関する法律により、中協法等にも、会社法と同様に適時・正確な会計帳簿の作成義務が明記された。したがって、組合においても、帳簿への記帳に当たっては、「すみやかな記帳」と「正確な記帳」を行うことが求められていることを肝に銘じなければならない。

第2節　勘定科目表

1　勘定科目設定の原則

勘定科目は、会計処理の基になるものであるから、組合で実施する事業の種類や事業の規模によって、これを設定しなければならない。

勘定科目の設定に当たっては、次の諸点に留意することが必要である。

(1)　その内容が理解しやすい名称を選ぶこと。（明瞭性）
(2)　異なった性質の事柄を同一科目に混入しないようにすること。（単純性）
(3)　事業の規模及び種類に応じて、精粗の選択をすること。（適応性）
(4)　一度設定されたものは、みだりに変更しないこと。（継続性）
(5)　各科目の内容が統計的に分類表示されていること。（統一性）

2　勘定科目表

次の勘定科目表は、通常、組合で使用される勘定科目を網羅的に列挙したものであるから、それぞれの組合において本表の勘定科目の全部を設定する必要はなく、組合の実情に最も適合するよう取捨選択し、必要により本表に掲げられていない勘定科目を設定しても差し支えない。

3　勘定科目表の分類

本勘定科目表は、大分類、区分、中分類、小分類に分類し、通常は小分類を勘定科目として採用することとなる。なお、小分類では包括的すぎる場合には、さらに細分類を設けているのでこれを採用することができる。

大分類は、資産、負債、純資産、収益及び費用に分類した上で、それぞれに次のように

さらに区分を設けている。
(1) 資産は、流動資産、固定資産、繰延資産に分類し、固定資産はさらに有形固定資産、無形固定資産、外部出資その他の資産の中分類に区別する。
(2) 負債は、流動負債と固定負債に区別する。
(3) 純資産は、組合員（会員）資本、評価・換算差額等に分類するとともに、組合員（会員）資本はさらに出資金、未払込出資金、資本剰余金、利益剰余金に分類する。資本剰余金は資本準備金、その他資本剰余金に、利益剰余金は利益準備金、その他利益剰余金の中分類に区別する。
(4) 収益は、事業収益、賦課金等収入、事業外収益及び特別利益に区別する。
(5) 費用は、事業費用、一般管理費、事業外費用、特別損失、税等に区別する。

大分類 ― 資産

区分	中分類	小分類	細分類	説明
Ⅰ 流動資産		1 現金及び預金	(1)現金 ①小口現金 ②外国通貨	通貨及び受入小切手、郵便為替証書、郵便振替貯金払出証書等を処理する。 外国通貨を処理する。 外国通貨は、決算時の為替相場による円換算額を付する。
			(2)預金	金融機関に対する預金（信託預金を含む。）、積金、郵便貯金及び郵便振替貯金を処理する。決算日の翌日から1年を超えて期限が到来する預金は原則として外部出資・その他の資産で処理する。
			①当座預金 ②普通預金 ③振替貯金 ④通知預金 ⑤定期預金 ⑥定期積金 ⑦外貨預金	必要により金融機関別に表示する。 必要により金融機関別に表示する。 必要により金融機関別に表示する。 必要により金融機関別に表示する。 必要により金融機関別に表示する。 必要により金融機関別に表示する。 外貨建の預金を処理する。 外貨預金は原則として決算時の為替相場による円換算額を付する。長期の外貨預金は原則として、外部出資・その他の資産で処理する。
		2 受取手形		金融事業以外の通常の事業取引によって取得した手形を処理する。（手形を割り引いたり裏書譲渡をした場合は、割引手形勘定か手形裏書義務等の偶発債務勘定を設ける。）土地、設備等に対する受取手形は事業外受取手形で処理する。

区分	中分類	小分類	細分類	説明
		3　売掛金	(1)組合員売掛金	組合員に対する売上代金の未収金を処理する。
			(2)外部売掛金	組合員以外の得意先に対する売上代金の未収金を処理する。
			(3)未収手数料	売掛金として計上しなかった各種受取手数料の未収金を処理する。
		4　売買目的有価証券及び短期有価証券	(1)売買目的有価証券	時価の変動により利益を得ることを目的として保有する有価証券を処理する。
			(2)満期保有目的有価証券	1年以内に満期の到来する満期保有目的の債券で商工債券、国債、地方債券等を処理する。割引債券の所得税はこの勘定に含め、償還を受けた時この所得税は法人税から控除するか還付を受ける。
			(3)その他有価証券	売買目的有価証券、満期保有目的有価証券以外の短期有価証券で1年以内に満期の到来する有価証券を処理する。
			(4)外貨建有価証券	外貨建の有価証券を処理する。外貨建保有社債等については、決算時の為替相場による円換算額を付する。
		5　商品		販売の目的をもって他から購入した商品の棚卸高を処理する。
		6　製品		販売の目的をもって組合が生産した製品の棚卸高を処理する。
		7　半製品		半製品として独立して販売される製品の棚卸高を処理する。
		8　原料及び材料		共同生産加工等に要する原材料の棚卸高を処理する。ただし、原料は原料、材料は材料として処理することができる。
		9　仕掛品及び半成工事		仕掛中の製品の棚卸高及び半成工事の棚卸高を処理する。
		10　貯蔵品		未使用の消耗品、消耗器具等のうち、重要性のあるものを処理する。
		11　前渡金		一時的に支出した商品、材料、外注費等の前渡金を処理する。 なお、有形固定資産購入の場合の前渡金は、建設仮勘定とする。
			(1)組合員前渡金	前渡金のうち組合員に対するものを処理する。
			(2)外部前渡金	前渡金のうち組合員以外に対するものを処理する。
		12　前払費用		一定の契約に従い、継続して役務の提供を受ける場合、未だ提供されていない役務に対し支払われた対価のうち事業年度の末日後1年内に費用となることが明らかな前払いの費用で、重要性のあるものを処理する。

区分	中分類	小分類	細分類	説明
		13 未収収益	(1)未経過支払利息	金融事業の支払利息等のうち、次期に属する部分を処理する。 一定の契約に従い、継続して役務の提供を行う場合、既に提供した役務に対して未だその対価の支払いを受けていないもので、重要性のあるものを処理する。
			(1)未収貸付利息	金融事業の貸付利息のうち、未だ対価の支払いを受けていないものを処理する。
		14 貸付金		組合員に対する貸付金を処理する。
			(1)証書貸付金	借用証書による貸付金を処理する。
			(2)手形貸付金	約束手形又は為替手形を借用証書の代わりとする貸付金を処理する。
			(3)手形割引貸付金	組合員の受取手形を譲渡担保とした組合員への貸付金を処理する。
		15 繰延税金資産		将来減算一時差異に係る税金の額で、短期間に解消するものを処理する。
		16 その他の短期の資産	(1)未収金	通常の取引に基づいて発生した未収金で、売掛金及び未収賦課金、未収消費税等以外のもの並びに通常の取引以外の取引により発生した未収金で、1年以内に回収されるものを処理する。
			(2)立替金	一時的な立替払を処理する。
			(3)仮払金	帰属する科目又は金額の未定な支払金を処理する。金額及び科目が確定次第、正当な科目に振り替える。
			(4)仮払消費税等	税抜経理方式において課税仕入高に係る消費税等を処理する。
			(5)未収賦課金	賦課金の未収金を処理する。
			(6)未収消費税等	還付消費税等の未収金を処理する。
		17 貸倒引当金		流動資産に属する金銭債権に対する取立不能見込額を処理する。 貸倒引当金は、対象とする金銭債権が属する項目に対する控除項目として表示する。ただし、流動資産の控除項目として一括して表示することもできる。 貸倒引当金の繰入は、差額補充法によるものとする。法人税法上の原則は洗替法であるが、差額補充法によることも認められている。なお、戻入益が生じた場合は、特別利益に計上する。
II 固定資産	i 有形固定資産			耐用年数1年以上で相当額以上の資本的支出を処理する。ただし、有形固定資産の取得価額は、使用開始にいたるまでに直接要したすべての費用を含むが、登録免許税、不動産取得税は除くことができる。
		1 建物及び暖房、照明、	(1)建物	事務所、作業所、倉庫、工場、店舗等を処理する。

区分	中分類	小分類	細分類	説明
		通風等の付属設備	(2)建物附属設備	建物に附属する設備を処理する。
		2 構築物		土地に定着する土木設備又は工作物を処理する。
		3 機械及び装置並びにホイスト、コンベヤー、起重機等の搬送設備その他の付属設備	(1)機械装置	機械設備等を処理する。
		4 船舶及び水上運搬具		
		5 鉄道車両、自動車その他の陸上運搬具	(1)車両運搬具	自動車その他の陸上車両運搬具を処理する。
		6 工具、器具及び備品	(1)工具、器具、備品	耐用年数1年以上で相当額以上の工具・器具及び什器備品並びに容器を処理する。
		7 土地		土地代金、仲介手数料、整地費等を処理する。
		8 建設仮勘定		有形固定資産を建設するために充当した費用を処理する勘定で、建設が完了したときは、それぞれの勘定に振り替える。有形固定資産購入の前渡金は、この勘定で処理するが、必要により別に土地代前渡金、土地予約金、機械前渡金等適当な科目を設けることができる。
		9 減価償却累計額		有形固定資産に対する減価償却を間接法によって処理した場合に計上された費用配分額で、有形固定資産の各勘定ごと又は一括して控除する形式で表示する。 ※減損会計を適用する場合、有形固定資産の減損損失累計額の表示方法は、当該各資産の金額から減損損失累計額を控除した残額のみを記載する形式（直接法）を原則とするが、減損損失累計額を独立表示して控除する形式又は減価償却累計額と合算して控除する形式（間接法）も認められている。なお、減損損失累計額を減価償却累計額に合算して表示する場合は、減損損失累計額が含まれている旨を注記する。
	ii 無形固定資産	1 特許権		特許法に基づき与えられる権利の取得金額を処理する。
		2 借地権（地上権を含		借地した場合に支払った権利金及び仲介手数料等を処理する。

第2章 勘定科目

区分	中分類	小分類	細分類	説明
		む） 3 商標権 4 実用新案権 5 意匠権 6 鉱業権（入漁権を含む） 7 漁業権 8 ソフトウェア 9 その他の無形固定資産	 (1)借家（借室）権 (2)電話加入権	商標法に基づき与えられる権利の取得金額を処理する。 組合員への利用供給及び組合利用のソフトウェアを処理する。 借家又は借室した場合に支払った礼金及び仲介手数料等を処理する。 電話加入権の取得金額を処理する。
	ⅲ外部出資その他の資産	1 外部出資金 2 子会社出資金 3 長期保有有価証券 4 差入保証金・敷金 5 長期前払費用 6 長期繰延税金資産 7 組合員用施設未収金 8 特定引当資産	 (1)連合会出資金 (2)関係先出資金 (1)満期保有目的有価証券 (2)商工中金株式 (3)その他有価証券 (1)未経過保険料 (2)未経過支払利息 (3)未経過賃借料	関係先に対する出資金を処理する。 なお、出資金はそれぞれの関係先の名称を付して表示することができる。 系統連合会に対する出資金を処理する。 関係団体、関係会社等に対する出資金等を処理する。 組合の子会社に対する出資金を処理する。 決算日後1年を超えて満期となる債権で商工債券、国債、地方債権等を処理する。 商工中金の株式を処理する。 短期有価証券、外部出資金、子会社出資金及び上記の満期保有目的有価証券及び商工中金株式以外の有価証券を処理する。 借家又は借室した場合に支払った保証金・敷金を処理する。 前払費用のうち、決算日後1年を超えた後に費用となる保険料や支払利息、賃借料等を処理する。 将来減算一時差異に係る税金の額で、解消するのが長期間にわたるものを処理する。 組合員に譲渡した施設の未収金を処理する。 共済事業を実施する場合の責任準備金や退職金の支払いに充てるための特定の資産を表示する。信託預金、定期積金等その性質を示す科目をもって示し、特定の引当資産である旨を脚注に表示することができ

11

第2章　勘定科目

区分	中分類	小分類	細分類	説明
		9　その他の資産		る。 　その他の資産であって、外部出資その他の資産に属するもの又はその他の資産であって流動資産、有形固定資産、無形固定資産又は繰延資産に属しないものを処理する。
			(1)長期貸付金 (2)保険積立金	
		10　貸倒引当金		外部出資その他の資産の部に属する金銭債権に対する取立不能見込額を処理する。貸倒引当金の繰入は、差額補充法によるものとする。法人税法上の原則は洗替法であるが、差額補充法によることも認められている。なお、戻入益が生じた場合は、特別利益に計上する。
Ⅲ繰延資産		1　繰延資産		繰延資産は支払時に全額償却すべきであるが、繰り延べる場合は、できるだけ早期に償却するものとする。
			(1)創立費	1年以上にわたって繰延べされた創立費を処理する。
			(2)開業費	事業開始までに要した費用で1年以上にわたって繰延べされた費用を処理する。
			(3)開発費	新たな技術若しくは資源の開発、市場の開拓のために特別に支出した費用を処理する。
		2　施設負担金		組合が便益を受ける公共的施設又は共同的施設の設置、改良のために支出した費用を処理する。

大分類　二　負債

区分	中分類	小分類	細分類	説明
Ⅰ流動負債		1　支払手形		通常の取引に基づいて発行した手形を処理する。ただし、土地、設備等に対する支払手形は、事業外支払手形で処理する。
		2　買掛金		仕入代金の未払金を処理する。
			(1)組合員買掛金 (2)外部買掛金	
		3　前受金		商品、製品等事業代金の前受額を処理する。
			(1)組合員前受金 (2)前○○金	
		4　転貸借入金		金融事業の借入金を処理する。金融事業の借入金は返済期間1年を超える場合も流動負債に属する当科目で処理する。
			(1)商工中金転貸	

区分	中分類	小分類	細分類	説明
			借入金 (2)○○銀行転貸借入金	
		5 短期借入金		金融事業以外の借入金のうち、返済期間1年以内の借入金を処理する。
			(1)商工中金短期借入金	
			(2)○○銀行短期借入金	
		6 未払金	(1)未払○○金	確定した債務で買掛金及び未払費用以外の未払金を処理する。
			(2)未払配当金	出資配当金、利用分量配当金の未払を処理する。
			(3)未払持分	事業年度末までに脱退した者の出資金に相当する持分の未払等を処理する。
		7 預り金	(1)組合員預り金	組合員からの預り金を処理する。なお、特別の用途で預かったものについては、出資預り金（できるだけ期末までに出資金に振り替えるよう整理すること。）等その名称を付した預り金科目で表示する。
			(2)役職員預り金	源泉所得税、社会保険料等役職員からの預り金を処理する。
		8 未払法人税等		事業年度終了時に納税義務が成立する法人税、住民税、事業税等を処理する。
		9 未払消費税等		期末における消費税等の未納額を処理する。
		10 未払費用		一定の契約に従い継続して役務の提供を受ける場合、既に提供された役務に対して未だその対価の支払いが終わらないもので、重要性のあるものを処理する。
			(1)未払支払利息	金融事業等の借入利息のうち、当該事業年度に属する支払利息で、期末までに支払いが終っていないものを処理する。
			(2)未払○○料	
		11 前受収益		一定の契約に従い継続して役務の提供を行う場合、未だ提供していない役務に対し支払いを受けた対価のうち、重要性のあるものを処理する。
			(1)前受貸付利息	
			(2)前受手数料	
		12 仮受賦課金		教育情報事業に充てるための賦課金で、賦課の際、他の賦課金と区別して徴収しており、かつ、事業が翌年度に繰り越されたことに伴い、翌期に繰り越されるものを処理する。
		13 繰延税金負債		将来加算一時差異に係る税金の額で短期間に解消するものを処理する。

第2章　勘定科目

区分	中分類	小分類	細分類	説明
		14　賞与引当金		職員に対する賞与引当金を処理する。
		15　引当金（短期）		短期の負債性引当金を処理する。
		16　その他短期負債	(1)仮受金	帰属すべき勘定又は金額の確定しないものを処理する。金額及び科目が確定次第、正当な科目に振り替える。
			(2)仮受消費税等	税抜経理方式において、課税売上高に係る消費税等を処理する。
			(3)仮受保険料	保険料の仮受額を処理する。
			(4)仮受保険金	保険金の仮受額を処理する。
Ⅱ固定負債		1　長期借入金		返済期間1年を超える借入金を処理する。なお、金融機関別に表示することができる。
		2　都道府県等借入金		高度化資金貸付等、都道府県、市町村からの借入金を処理する。
		3　組合員長期借入金		組合員からの長期借入金を処理する。
		4　長期未払金		支払期限が決算日後1年を超えて到来するもの（長期の割賦未払金等）を処理する。
		5　引当金（長期）		長期の負債性引当金（修繕引当金等）を処理する。
		6　長期繰延税金負債		将来加算一時差異に係る税金の額であって解消するまでの期間が長期に亘るものを処理する。
		7　退職給与引当金		退職給与規程に基づき計算された職員の退職金要支給額を処理する。組合から直接給付される退職給付と年金制度から給付される退職給付について包括的に処理する場合は退職給付引当金とする。

大分類　三　純資産

区分	中分類	小分類	細分類	説明
Ⅰ組合員資本出資金未払込出資金	ⅰ出資金	1　出資金		出資総額を処理する。払込済の出資金を処理する。
	ⅱ未払込出資金	1　未払込出資金		未払込出資金を処理し、出資金の控除項目として表示する。
資本剰余金	ⅰ資本準備金	1　加入金		新組合員から徴収した加入金（定款規定を出資限度に変更する以前に徴収した加入金を含む。）を処理する。

区分	中分類	小分類	細分類	説明
	ⅱ その他資本剰余金	2 増口金		増口をした場合において加入金に準じて徴収したものを処理する。
		1 出資金減少差益		出資金の減少によって生じた差益を処理する。
利益剰余金	ⅰ 利益準備金			法によって当期純利益金額（繰越損失がある場合には、これをてん補した後の金額）の1/10以上を積み立てるときの準備金を処理する。
	ⅱ その他利益剰余金	1 教育情報費用繰越金		法及び定款の規定による法定繰越金を処理する。
		2 組合積立金	(1)特別積立金	定款の規定による積立金を処理する。
			(2)○周年記念事業積立金	記念事業に充てるため、剰余金処分により積み立てる任意積立金を処理する。
			(3)役員退職給与積立金	役員の退職金に充てるため、剰余金処分により積み立てる任意積立金を処理する。
			(4)○○積立金	剰余金処分により積み立てるその他の任意積立金を処理する。
		3 当期未処分剰余金又は当期未処理損失金	(1)当期純利益金額又は当期純損失金額	当期純利益金額又は当期純損失金額を処理する。
			(2)前期繰越剰余金又は前期繰越損失金	前期からの繰越利益又は繰越損失を処理する。
Ⅱ 評価・換算差額等		1 その他有価証券評価差額金		その他有価証券の評価差益、評価差損の合計額を処理する。
		2 その他評価・換算差額	(1)脱退者持分払戻勘定	持分の全部を払い戻す定款規定に基づいて脱退者への持分払戻しを行う場合に持分払戻しにより生じた差額を処理する。

大分類　四　収益

区分	中分類	小分類	細分類	説明
Ⅰ 事業収益	ⅰ 販売事業収益	1 売上高	(1)組合員売上高	組合員に対する売上高の総額を処理する。
			(2)外部売上高	組合員以外の得意先に対する売上高の総額を処理する。
		2 受取販売手数料		共同販売事業について徴収した手数料を処理する。
		3 広告宣伝収入		共同販売事業について徴収した広告料を処理する。
		4 受取出品料		共同販売事業について徴収した出品料を処理する。

第2章　勘定科目

区分	中分類	小分類	細分類	説明
	ii 購買事業収益	1　売上高	(1)組合員売上高	組合員に対する売上高の総額を処理する。
			(2)外部売上高	組合員以外の外部に対する売上高を処理する。
		2　受取購買手数料		共同購買事業について徴収した手数料を処理する。
	iii 金融事業収益	1　受取貸付利息		資金の貸付によって徴収した利息を処理する。
		2　受取貸付手数料		共同金融事業によって徴収した手数料を処理する。
		3　受取保証料		債務の保証によって徴収した保証料を処理する。
	iv 生産・加工事業収益	1　売上高	(1)組合員売上高	組合員に対する売上高の総額を処理する。
			(2)外部売上高	組合員以外の外部に対する売上高を処理する。
		2　受取加工料		共同加工事業によって徴収した加工手数料を処理する。
		3　受取受注手数料		共同生産事業によって徴収した手数料を処理する。
	v 施設事業収益	1　受取施設利用料		共同施設利用提供事業によって徴収した手数料を処理する。
		2　施設負担金収入		共同施設の維持管理費、償却費、借入金の利子等組合の費用を組合員に割当てて徴収する場合の負担金を処理する。なお、償却費と借入金利子については、それぞれ独立して表示してもよい。
		3　減価償却負担金収入		
		4　利子負担金収入		
	vi 保管・運送事業収益	1　受取保管料		共同保管事業によって徴収した保管料を処理する。
		2　受取運送料		共同運送事業によって徴収した運送料を処理する。
	vii 検査・試験・開発事業収益	1　受取検査料		共同検査事業によって徴収した検査料を処理する。
		2　受取試験料		共同試験事業によって徴収した試験料を処理する。
		3　試験開発負担金収入		共同開発事業によって徴収した負担金を処理する。
	viii 教育情報	1　教育情報事業賦課金収		法律の規定に基づき教育情報事業に充てるため徴収した賦課金を処理する。

第2章　勘定科目

区分	中分類	小分類	細分類	説明
	事業収益	入 2 仮受賦課金繰入・戻入		間接法により仮受賦課金を処理する場合に収益からの控除（繰入）と収益への戻入を処理する。
		3 教育情報費用繰越金取崩		剰余金処分で繰り越された法定繰越金の取崩を処理する。
		4 教育事業参加料収入		講習会、研修会等に参加する組合員から徴収する参加料を処理する。
	ix 福利厚生事業収益	1 福利厚生事業参加料収入		慰安親睦会等厚生事業に参加する組合員から徴収した参加料を処理する。
	x 保険業務代理・代行事業収益	1 団体保険料収入		組合員から納入された保険料を処理する。
		2 団体保険金収入		保険会社等から受け取った保険金を処理する。
		3 団体保険配当金収入		保険会社等から受け取った配当金を処理する。
		4 受取事務手数料		保険会社等から受け取った事務手数料を処理する。
	xi ○周年記念事業収益	1 記念事業参加料収入	(1)参加料収入	参加者からの参加料を処理する。
		2 記念事業積立金取崩		剰余金処分で積み立てた○周年記念事業積立金の取崩を処理する。
		3 記念事業雑収入	(1)祝金収入	祝金等を処理する。
Ⅱ 賦課金等収入		1 賦課金収入（平等割）		法律の規定に基づき非経済事業及び一般管理費に充てるために徴収した賦課金で、組合員に対して平等に賦課する賦課金を処理する。
		2 賦課金収入（差等割）		法律の規定に基づき非経済事業及び一般管理費に充てるために徴収する賦課金で、組合員に対して差等割で賦課した賦課金を処理する。
		3 特別賦課金収入		法律の規定に基づき特別の目的で徴収した賦課金を処理する。
		4 参加料収入		特定の事業に参加する組合員から徴収した参加料を処理する。目的を表示した科目とすることができる。
		5 負担金収入		賦課金及び参加料以外の負担金を処理する。
Ⅲ 事業外収益		1 事業外受取利息		特定事業以外で受け取る預金及び債権等の利息を処理する。償却原価法による加減額は受取利息として処理する。

17

第2章　勘定科目

区分	中分類	小分類	細分類	説明
		2　事業外受取外部出資配当金		特定事業以外で受け取る関係先出資金等の配当金を処理する。
		3　為替差益		外貨建金銭債権債務等によって生じた換算差益を処理する。
		4　協賛金収入・賛助金収入		組合員以外から受け入れた協賛金、賛助金、協力会費等を処理する。目的を表示した科目とすることができる。
		5　加入手数料収入		新組合員の加入に際して徴収した手数料を処理する。
		6　事業経費補助金収入		組合事業経費に充てるために都道府県、市町村又は組合員以外より補助を受けた補助金を処理する。 なお、事業収益として処理することができる。
		7　過怠金収入		過怠金収入を処理する。
		8　雑収入・還付消費税等		各科目に属さない収入並びに税込経理方式の場合における還付消費税等を処理する。
Ⅳ 特別利益		1　固定資産売却益		固定資産の売却代金と簿価との差益を処理する。
		2　補助金（施設）収入		国、都道府県、市町村等からの補助金（施設建設のための補助金を含む）を処理する。
		3　貸倒引当金戻入		差額補充法により戻入益が生じた場合の貸倒引当金戻入額を処理する。
		4　未払法人税等戻入		未払法人税等残高の戻入を処理する。
		5　前期損益修正益		過年度に属する収益及び費用又は損失の訂正により当期に利益として認識されたものを処理する。
		6　特別積立金取崩		剰余金処分で積み立てた特別積立金を費用支出のために取り崩したときは特別利益で処理する。 出資配当支払いのための取崩は剰余金処分で処理する。

大分類　五　費用

区分	中分類	小分類	細分類	説明
Ⅰ事業費用	ⅰ販売事業費	1　売上原価	(1)期首棚卸高 (2)当期仕入高 (3)期末棚卸高	期首の棚卸金額を処理する。 当期中の組合員等からの仕入高の総額を処理する。 期末の棚卸金額を処理する。
		2　販売費	(1)広告宣伝費 (2)手形売却損	販売事業についての広告宣伝費を処理する。 受取手形を金融機関等に譲渡したとき、手形額面から控除された金利相当額を処理する。
	ⅱ購買事業費	1　売上原価	(1)期首棚卸高 (2)当期仕入高 (3)期末棚卸高	期首の棚卸金額を処理する。 当期中の仕入高の総額を処理する。 期末の棚卸金額を処理する。
		2　購買費	(1)手形売却損	受取手形を金融機関等に譲渡したとき、手形額面から控除された金利相当額を処理する。
	ⅲ金融事業	1　転貸支払利息		金融機関への支払利息を処理する。
		2　金融費	(1)担保設定料 (2)調査費	担保設定に係る諸費用を処理する。 貸付に関する調査費用を処理する。
	ⅳ生産・加工事業費	1　売上原価	(1)期首棚卸高 (2)当期製品製造原価 (3)期末棚卸高	期首の棚卸金額を処理する。 製造業関係科目参照 期末の棚卸金額を処理する。
		2　生産・加工費		売上原価以外の共同生産・加工事業に係る直接費用を処理する。
	ⅴ施設事業費	1　施設減価償却費		共同施設に係る減価償却費を処理する。
		2　施設借入支払利息		施設に係る金融機関への支払利息を処理する。
		3　施設費		共同施設利用事業に要した直接費用を処理する。
	ⅵ保管・運送事業費	1　保管費		共同保管事業に要した直接費用を処理する。
		2　運送費		共同運送事業に要した直接費用を処理する。
	ⅶ検査・試験・開発事業費	1　検査費		共同検査事業に要した直接費用を処理する。
		2　試験研究費		共同試験研究（分析）事業に要した直接費用を処理する。
		3　開発費		研究（新しい知識の発見を目的とした計画的な調査及び探求。）及び開発（新しい製品・サービス・生産方法（以下「製品等」という。）についての計画若しくは設

第2章　勘定科目

区分	中分類	小分類	細分類	説明
				計又は既存の製品等を著しく改良するための計画若しくは設計として、研究の成果その他の知識を具現化すること。）に要した事業費（ソフトウェアとして処理した額を除く。）を処理する。
	ⅷ教育情報事業費	1　講習会費		講習会、研修会等に要した費用を処理する。
		2　視察費		視察研修に要した費用を処理する。
		3　情報提供費		組合機関紙その他情報の提供に要した費用を処理する。
	ⅸ福利厚生事業費	1　親睦会費		組合員に対する慰安親睦会等厚生事業に要した直接費用を処理する。
		2　慶弔費		組合員に対する慶弔費を処理する。
	ⅹ保険業務代理・代行事業費	1　支払団体保険料		保険会社等に支払う保険事業に係る保険料を処理する。
		2　支払団体保険金		保険事業に係る契約に基づき組合員に対して支払った保険金を処理する。
		3　支払団体保険配当金		保険会社等から受け取った配当金につき組合員に支払った配当金を処理する。
		4　保険業務費		保険事業に要した直接費用を処理する。
	ⅺ○周年記念事業費	1　記念式典費		記念式典の開催に要した費用を処理する。
		2　記念出版物費		記念誌等の出版に要した費用を処理する。
		3　記念祝賀会費		記念祝賀会の開催に要した費用を処理する。
Ⅱ一般管理費	ⅰ人件費	1　役員報酬		総会又は定款で定められた範囲内で支給される理事、監事に対する報酬を処理する。
		2　職員給料		職員に対して支給した給料・賞与を処理する。
		3　福利厚生費	(1)法定福利費	専従役職員に対する法定の福利厚生費を処理する。
			(2)厚生費	役職員に対する法定福利費以外の福利厚生費を処理する。
		4　退職金		職員の退職に際して支払われた金額を処理する。
		5　退職金共済掛金		退職金共済掛金若しくは退職年金掛金その他の退職給付金を処理する。
		6　退職給与引当金繰入		職員の退職給与引当金への繰入を処理する。退職給付引当金の繰入を処理する場合は退職給付引当金繰入とする。
		7　退職給与引当金戻入		退職金の支払いに伴う退職給与引当金の戻入を処理する。退職給付引当金の戻入を

区分	中分類	小分類		細分類	説明
		8	役員退職金		処理する場合は退職給付引当金戻入とする。なお、退職金の控除項目として表示する。 役員の退職に際して支払われた金額を処理する。
		9	役員退職給与積立金取崩		剰余金処分で積み立てた役員退職給与積立金の取崩を処理する。なお、役員退職金の控除項目として表示する。
	ⅱ業務費	1	教育研究費		組合役職員に対する教育研究等のために要した費用を処理する。
		2	研究開発費		研究及び開発に要した費用（ソフトウェアとして処理した額を除く。）を処理する。
		3	新聞図書費		新聞、図書、資料等の購入に要した費用を処理する。
		4	旅費交通費		旅費、交通費に要した費用を処理する。
		5	通信費		通信、電話等に要した費用を処理する。
		6	会議費		総会、理事会、委員会等の開催諸費用を処理する。
				(1)総会費 (2)理事会費 (3)部・委員会費 (4)支部会議費	
		7	消耗品費		消耗品に要した費用を処理する。
		8	事務用品費		事務に要した文具費等を処理する。
		9	印刷費		事業費に属さない印刷に要した費用を処理する。
		10	器具備品費		相当額未満の工具、器具、備品等で税法上損金になるものを処理する。一括償却資産を処理することができる。
		11	支払手数料		委託した業務に要した手数料を処理する。
		12	関係団体負担金		中小企業団体中央会等関係団体に対する会費を処理する。
		13	交際費		接待交際に要する費用を処理する。
		14	賃借料		事業費に属さない賃借料を処理する。
				(1)支払家賃	借家料又は借室料を処理する。
				(2)支払リース料	リース料を処理する。
				(3)駐車料	月極の駐車料等を処理する。
		15	支払保険料		火災保険、損害保険、自動車保険及び役職員の生命保険等に要した保険料で税務上損金になるもの並びに倒産防止共済掛金を処理する。
		16	水道光熱費		水道、電気、ガス、暖房等に要した費用を処理する。
		17	修繕費		事業費に属さない修繕に要した費用を処理する。
		18	車両費		車両に関する費用を処理する。ただし、

第2章　勘定科目

区分	中分類	小分類	細分類	説明
		19 コンピュータ関係費		車両燃料費として燃料費だけを計上することができる。
当期分コンピュータリース料、プログラム費償却、コンピュータ操作に要する費用及びコンピュータ導入に要する費用を処理する。
		20 償却費	(1)減価償却費	事業費に属さない減価償却費を処理する。
			(2)借家(室)権償却	借家(室)権の償却額を処理する。
			(3)施設負担金償却	施設負担金の償却額を処理する。
			(4)特別償却費	普通の減価償却限度額以上に税法上損金に認められた償却費を処理する。なお、事業費として処理することができる。
		21 雑費		他の科目に属さない少額の費用を処理する。
	ⅲ諸税負担金	1 租税公課		事業費に属さない固定資産税、自動車税、収入印紙税、不動産取得税、自動車重量税、登録免許税、事業所税等を処理する。
		2 消費税等		税抜経理方式の場合における控除対象外消費税等又は税込経理方式の場合における納付すべき消費税等を処理する。
Ⅲ事業外費用		1 事業外支払利息		特定事業以外の借入金に対する支払利息を処理する。特定事業の支払利息は、それぞれの事業直接費として処理する。
		2 手形売却損		受取手形を金融機関等に譲渡したとき、手形額面から控除された金利相当額を処理する。
		3 為替差損		外貨建金銭債権・債務等によって生ずる換算差損を処理する。
		4 寄付金		公共団体等に対する寄付金を処理する。
		5 創立費償却		創立費の償却額を処理する。
		6 繰延消費税等償却		繰延消費税等の償却額を処理する。
		7 貸倒引当金繰入		事業上の債権に係るものは事業費用、事業外の債権に係るものは事業外費用として処理する。
		8 貸倒損失		事業上の債権に係るものは事業費用事業外の債権に係るものは事業外費用として処理する。
		9 雑損失		他の科目に属さない雑損を処理する。
Ⅳ特別損失		1 固定資産売却損		固定資産の売却代金と簿価の差損を処理する。
		2 固定資産除		固定資産の除却損を処理する。

区分	中分類	小分類	細分類	説明
		却損		
		3 固定資産圧縮損		国庫補助金、保険差益、買換資産の譲渡益、収用等の圧縮記帳による固定資産圧縮損を処理する。
		4 災害損失		災害により臨時に生じた損失を処理する。
		5 前期損益修正損		当期以前の負担に帰すべき支出又は損失で当期に損失として認識されたものを処理する。
		6 減損損失		減損会計を適用して所有資産について計上した損失額を処理する。
Ⅴ 税等		1 法人税等		当期の負担に属する法人税額、住民税額、事業税額を処理する。ただし、前期以前の追徴税額等については、別科目を設けることができる。
		2 法人税等調整額		税効果会計による当期の法人税等調整額を処理する。

(注)
1 この科目表では、商品（取扱品）取引は、売上、仕入、繰越商品の3分割法を採用したが、商品取引が比較的多い組合にあっては、次の科目を使用してもよい。
　「売上値引」及び「戻り高」
　「仕入値引」及び「戻し高」
　また、損益勘定を売上原価との差益をもって表示する場合には、共同購買（販売）事業総利益とし、手数料をもってする場合には、受取購買（販売）手数料とする。
2 国、都道府県、市町村から受けた返還する必要のない施設補助金は、固定資産圧縮損勘定（損益計算書の特別損失の部）を用いて資産の取得価額を直接減額する。施設補助金について、固定資産圧縮損を用いた場合は、脱退者への持分払戻額に、施設補助金部分は算入しない。
3 圧縮記帳が認められる保険差益は、固定資産圧縮損勘定（損益計算書の特別損失の部）を用いて代替資産の取得価額から直接減額する。当該保険差益について、固定資産圧縮損を用いた場合は、脱退者への持分払戻額に、当該保険差益部分は算入しない。
4 圧縮記帳が認められる買換資産の譲渡益は、固定資産圧縮損勘定（損益計算書の特別損失の部）を用いて、買換資産の取得価額から直接減額する。当該譲渡益について、固定資産圧縮損を用いた場合は、脱退者への持分払戻額に、当該譲渡益部分は算入しない。
5 上記2～4の処理をした場合には、その旨を貸借対照表に注記する。
6 税法上損金に認められた特別償却費は、取得資産の取得価額から直接減額する。

特 殊 科 目

　事業別特殊科目については、次の科目で処理することが適当である。

第2章　勘定科目

＜製造業関係科目＞

項　目	小　分　類	細　節	説　明
生産加工に関する費用の科目	1 原材料費		生産加工に要した原材料費を処理する。必要により原料費材料費と表示する。
		(1)主要原材料費	主要原材料の消費額を処理する。なお、原料の場合は原料費、材料の場合は材料費と表示する。
		(2)買入部品費	買入部品の消費額を処理する。
		(3)補助材料費	補助材料の消費額を処理する。
	2 外注費		外注の加工費を処理する（加工賃及び原材料費を含む）。ただし、外注費が加工賃だけの場合は、製造費用に計上することができる。共同受注事業等の場合、組合員に対し外注を行ったときは組合員外注費として処理する。
	3 労務費	(1)賃金	直接工、間接工の工賃を処理する。
		(2)給料手当	現場監督者又は工場管理者の給料手当を処理する。
		(3)賞与	現場監督者又は工場管理者の賞与を処理する。ただし、給料手当勘定に含めることができる。
		(4)雑給	臨時工の給料手当等を処理する。
		(5)賞与引当金繰入	賞与引当金への繰入を処理する。
		(6)退職給与引当金繰入	本事業に従事した者のための退職給与引当金への繰入を処理する。
		(7)法定福利費	法定の福利厚生に支出した費用を処理する。
		(8)厚生費	法定以外の福利厚生に支出した費用を処理する。
	4 製造（加工）費用		製造（加工）に要した費用を処理する。
		(1)工場消耗品費	工場で支出された消耗品費を処理する。
		(2)不動産賃借料	土地、建物等の賃借料を処理する。
		(3)機械装置賃借料	借用した機械装置の賃借料を処理する。
		(4)電力料	
		(5)燃料費	
		(6)水道料	
		(7)交際費	
		(8)旅費交通費	
		(9)通信費	
		(10)修繕費	
		(11)支払保険料	
		(12)租税公課	
		(13)減価償却費	
		(14)雑費	

（注）製造事業の規模により直接費的な科目を使用し、他の事業と共通の費用は、一般管理費に含めてもよい。

＜建設業関係科目＞

項　目	小　分　類	細　節	説　　明
	1 完成工事未収入金		完成工事高に計上した請負代金の未収額
	2 未成工事支出金		引渡しを完了していない工事に要した工事費並びに材料購入、外注のための前渡金、手付金等。ただし、長期の未成工事に要した工事費で工事進行基準によって完成工事原価に含めたものを除く。
	3 材料貯蔵品		手持ちの工事用材料及び消耗工具器具等並びに事務用消耗品等のうち未成工事支出金又は経費として処理されなかったもの。
	4 工事未払金		工事費の未払額（工事原価に算入されるべき材料、貯蔵品購入代金を含む）
	5 未成工事受入金		引渡しを完了しない工事についての請負代金の受入高。ただし、長期の未成工事の受入金で工事進行基準によって完成工事高に含めたものを除く。
	6 売上高	(1)完成工事高	工事が完成し、その引渡しが完了したものについての最終総請負高（請負高の全部又は一部が確定しないものについては、見積計上による請負高）及び長期の未成工事を工事進行基準により収益に計上する場合における期末出来高相当額
		(2)兼業事業売上高	建設業以外の事業（以下「兼業事業」という。）を併せて営む場合における当該事業の売上高
	7 売上原価	(1)完成工事原価	完成工事高として計上したものに対応する工事原価
		(2)兼業事業売上原価	兼業事業売上高として計上したものに対応する兼業事業の売上原価
	8 売上総利益	(1)完成工事総利益	完成工事高から完成工事原価を控除した額
		(2)兼業事業総利益	兼業事業売上高から兼業事業売上原価を控除した額
	9 一般管理費	(1)修繕維持費	建物、機械、装置等の修繕維持費及び倉庫物品の管理費等
		(2)調査研究費	技術研究、開発等の費用
		(3)広告宣伝費	広告宣伝に要する費用
		(4)貸倒損失	営業取引に基づいて発生した受取手形、完成工事未収入金等の債権に対する貸倒損失及び貸倒引当金繰入額。ただし、異常なものを除く。
		(5)寄付金	社会福祉団体等に対する寄付

第2章　勘定科目

項　目	小　分　類	細　節	説　明
	10 材料費		工事のために直接購入した素材、半製品、製品、材料貯蔵品勘定等から振り替えられた材料費（仮設材料の損耗額等を含む。）
	11 労務費		工事に従事した直接雇用の作業員に対する賃金、給料及び手当等。 工種・工程別の工事の完成を約する契約でその大部分が労務費であるものは、労務費に含めて記載することができる。
	12 外注費		工種・工程別等の工事について素材、半製品製品等を作業とともに提供し、これを完成することを約する契約に基づく支払額。ただし、労務費に含めたものを除く。
	13 経費		完成工事について発生し、又は負担すべき材料費、労務費及び外注費以外の費用で、動力用水道光熱費、機械等経費、設計費、労務管理費、租税公課、地代家賃、保険料、従業員給料手当、退職金、法定福利費、福利厚生費、事務用品費、通信交通費、交際費、補償費、雑費、出張所等経費配賦額等のもの
		経費のうち人件費	経費のうち従業員給料手当、退職金、法定福利費及び福利厚生費

（注）建設業に関しては、「建設業法施行規則別記様式第15号及び第16号の国土交通大臣の定める勘定科目の分類を定める件」（昭和57年建設省告示1660号、最終改正　平成20年1月31日国土交通省告示第87号）により、貸借対照表及び損益計算書に関する科目が定められているので、留意すること。

＜商業関係科目＞

項　目	小　分　類	細　節	説　明
商品券発行に関する科目	1 供託有価証券 2 未決済商品券 3 商品券販売手数料 4 商品券決済手数料 5 未決済商品券益		供託現金、預金、有価証券を計上する。 決済されていない商品券発行高を処理する。 商品券を売り渡した組合員に支払われた手数料を処理する。 商品券で取扱品を販売した組合員から徴収した手数料を処理する。 未決済商品券のうち収益に計上した額を処理する。
チケット発行に関する科目	1 チケット未収金		チケット利用者から未回収の未収金を処理する。回収期日の到来した未収金に対する手数料を含めることができる。

項　目	小　分　類	細　　節	説　　　明
	2 チケット未払金 3 受取チケット手数料 4 受取チケット使用料 5 チケット取扱高（売上高）		組合員に対するチケットによる未払金を処理する。 　チケットの利用に対して組合員から徴収する手数料を処理する。 　チケット発行（決済）の際、チケット利用者から徴収した使用料を処理する。 　チケット取扱高（売上高）を処理する。
サービス券発行に関する科目	1 サービス業売上高 2 サービス券仕入高 3 サービス券引換費 4 サービス券事業費 5 サービス券引換未払金 6 サービス券引換未払金繰入 7 サービス券引換未払金戻入		サービス券の売上高を処理する。 　特約のある団体から購入したサービス券を処理する。 　組合発行のサービス券の引換えに要した景品原価及び金額を処理する。 　税法上損金に認められる未交換サービス券の引換えに要した金額を含めることができる。 　サービス券の発行及び回収に要した費用を処理する。印刷費、広告宣伝費、人件費等適当な細節を設ける。 　税法上損金に認められる未交換サービス券の引換えに要した金額を処理する。 　未交換サービス券の引換見込額を処理する。 　サービス券引換未払金の戻入を処理する。
商店街組合に関する科目	1 ネオン・アーケード施設 2 器具備品 3 ネオン・アーケード負担金 4 道路舗装負担金 5 負担金償却 6 共同売出事業収益	放送施設	組合の構築物として設置したネオン・アーケード施設を処理する。 　共同宣伝事業等のため放送施設、その他の資産を設置したときは適当な細節を設ける。 　ネオン、街路灯、アーケードの負担金を支出した場合は、繰延資産として処理する。 　カラー舗装等の負担金を支出した場合は、繰延資産として処理する。 　ネオン・アーケード負担金、道路舗装負担金の償却額を処理する。 　共同売出事業の収益を処理する。 　福引券売上高、装飾負担金収入等適当な

第2章　勘定科目

項　目	小　分　類	細　　節	説　　　明
	7 共同売出事業費		細節を設ける。 　共同売出事業に要した直接費用を処理する。景品費、招待費、装飾費、福引所費、広告宣伝費、人件費等適当な細節を設ける。

＜リース業関係科目＞

項　目	小　分　類	細　　節	説　　　明
貸手側に関する科目	1 機械装置	リース資産	リース物件として取得した資産を処理する。
	2 車両運搬具	リース資産	〃
	3 工具	リース資産	〃
	4 器具備品	リース資産	〃
	5 ソフトウェア	リース資産	〃
	6 リース債権		ファイナンス・リース取引によりリースしたリース物件の購入価額等を債権として処理する。
	7 未収リース料		受取リース料の未収金を処理する。
	8 前受リース料		賃貸借処理をする場合の受取リース料の前受けを処理する。
	9 リース物件売上高		売買処理をする場合に延払基準を適用する受取リース料の当期発生高を処理する。
	10 リース物件売上原価		リース物件売上高に対応する売買益相当額（利息相当額）を控除した元本回収額を処理する。
	11 リース料収入		賃貸借処理をした場合の受取リース料を処理する。
	12 リース契約債権		賃貸借処理をした場合にリース料の総額及び受取リース料の回収を処理する。
	13 未実現リース料		リース契約債権の対照勘定として仕訳し、受取リース料回収時にリース料収入へ振り替える。
借手側に関する科目	1 機械装置	リース資産	ファイナンス・リース取引により受け入れたリース物件を処理する。 　貸手の購入価額等が明らかな場合はその価額を、貸手の購入価額等が明らかでない場合はリース料総額を取得価額とする。
	2 車両運搬具	リース資産	〃
	3 工具	リース資産	〃
	4 器具備品	リース資産	〃
	5 ソフトウェア	リース資産	〃

項　　目	小　分　類	細　　節	説　　明
	6 リース債務		ファイナンス・リース取引により受入れたリース物件の未払を処理する。 　貸手の購入価額等が明らかな場合はその価額を、貸手の購入価額等が明らかでない場合はリース料総額を債務とする。
	7 前払リース料		賃貸借処理をする場合の支払リース料の前払いを処理する。
	8 賃借料	支払リース料	賃貸借処理をする場合の支払リース料を処理する。
	9 リース契約債務		賃貸借処理をする場合に、リース料の総額及び支払リース料の支払いを処理する。
	10 未経過リース料		リース契約債務の対照勘定として仕訳し、リース料の支払時に賃借料に振り替える。

＜保証債務関係科目＞

項　　目	小　分　類	細　　節	説　　明
手形に関する科目	1 保証債務		受取手形は裏書譲渡又は割り引いた時点で消滅を認識するが、裏書人の遡及義務が新たに債務として発生する。 　この遡及義務の時価相当額を処理する。
	2 保証債務費用		保証債務の発生を処理する。
	3 保証債務取崩益		手形満期日に保証債務の消滅を処理する。
手形金額に関する科目	1 裏書義務 2 裏書義務見返		裏書譲渡された受取手形の金額を対照勘定で処理し、貸借対照表に注記する。
	3 割引義務 4 割引義務見返		割り引いた受取手形の金額を対照勘定で処理し、貸借対照表に注記する。
保証事業に関する科目	1 債務保証 2 債務保証見返		組合員の債務を保証することにより生じた債務保証を対照勘定で処理し、貸借対照表に注記する。 　損失発生の可能性が高く、見積りが可能な場合、債務保証損失引当金を計上する。 　損失発生の可能性は高いが、損失金額の見積りが不可能である場合、その旨とその理由及び主たる債務者の財政状態等を注記する。損失発生がある程度予想される場合、その旨と主たる債務者の財政状態等を注記する。 　上記以外の場合、債務保証の金額を注記する。

第2章　勘定科目

＜共済関係科目＞

項　目	小　分　類	細　節	説　　明
事業損益関係科目	1 共済掛金		共済事業の収益の大宗をなす収入共済掛金を処理する。共済契約の無効、失効、共済金額又は料率の訂正による返還共済掛金は、この勘定の減額で処理する。過年度の共済掛金について生じた返還金は「その他返戻金」で処理する。
	2 再共済収入		(1) 再共済金　組合が契約者に共済金を支払ったとき再共済契約に基づき再共済先から受け取るべき再共済金を処理する。 　(2) 再共済返戻金　共済契約について返戻金を支払ったとき再共済契約に定めるところにより再共済先から受け取るべき再共済返戻金を処理する。 　(3) その他の収入　再共済契約に基づき再共済先から再共済料割戻金を受け取ったときはこの科目で処理する。 　再共済料割戻金は現金主義で処理する。
	3 共済金戻入		前年度以前に共済金を支払った共済契約に関する戻入金（罹災物件を代位取得し、これを処分して得た売掛金又は第三者から受け取った損害賠償金等）を処理する。当年度において共済金を支払った共済契約に関する戻入金は共済金から控除する。
	4 共済金		共済契約に基づいて組合が負担すべき損害が発生した場合に、その損害てん補のための組合の支出金及びその損害てん補に直接付帯して生じた費用を処理する。共済金の支払には、損害査定の手続を必要とし、事故発生の日に共済金を計上することは不可能であるので現金主義計上が通常である。 　当年度において共済金を支払った契約に関して収入した罹災物件の処分代金又は第三者から受け取った損害賠償金はこの科目の減額で処理する。直接付帯費用の範囲は、再共済先から回収できる再共済金の範囲とすることが適当である
	5 解約返戻金		共済契約者との合意の上で行う共済契約の中途解約、中途一部解約、更改等により返還した共済掛金を処理する。
	6 その他返戻金		前年度以前に共済掛金を収入した契約の無効、失効、取消、共済金額又は共済掛金率の訂正等による共済掛金の払戻金を処理する。

項　目	小　分　類	細　節	説　明
	7 再共済料		再共済に付した場合、再共済先に支払う掛金を発生主義で処理する。当年度に計上した再共済料に係る契約の解約以外の事由により、再共済先から返還を受けるべき再共済料はこの科目の減額で処理する。
	8 再共済金割戻		前年度以前に再共済金を収入した共済契約に関して収入した罹災物件の売却代金又は第三者からの損害賠償金があるとき再共済契約に付した割合により再共済先に支払った割戻金を処理する。当年度において再共済金を収入した契約に関する割戻分については再共済金の減額で処理する。
	9 代理店（所）手数料		代理店（所）委託契約に基づき代理店（所）に支払った手数料を処理する。
	10 集金手数料		分割払契約における2回目以降の集金に対する手数料を処理する。
	11 受託業務手数料		受託した業務に対する手数料収入を処理する。
	12 委託業務経費		委託業務につき、代理店（所）又は募集人に支払われた経費を処理する。
法定準備金関係科目	1 支払準備金		次に掲げる(1)及び(2)の合計金額を毎年洗替方式により積み立てる。 (1) 支払義務が発生した共済金等（訴訟継続中のものを含む。）で、事業年度末において支出として計上していない支払必要金額 (2) 既発生未報告の共済金等の支払必要金額（中協法施行規程に定める金額）
	2 責任準備金		(1) 普通責任準備金　共済規程又は火災共済規程に記載した方法に従い、共済掛金積立金及び未経過共済掛金の合計額を毎年洗替方式により積み立てる。ただし、収支残方式により算出した額を下ってはならない。 (2) 異常危険準備金　共済リスクに備える異常危険準備金及び予定利率リスクに備える異常危険準備金の合計額を、毎年累積して一定限度まで積み立てる。積立て及び取崩に関する基準は、中協法施行規程の定めによる。
	3 支払準備金の処理		支払準備金に積み立てた未払共済金や未払返戻金を翌年度に支払うときは、各々共済金、返戻金で処理をし、支払準備金はそ

第2章　勘定科目

項　目	小　分　類	細　節	説　　明
			のまま残すようにし、翌年度末に洗替えをする。 　前期末の支払準備金の残100を今期末戻し入れる。 　　借方　支払準備金　　　100 　　貸方　支払準備金戻入　100 　今期末の支払準備金の額110を繰り入れる。 　　借方　支払準備金繰入　110 　　貸方　支払準備金　　　110
	4 責任準備金の処理		前期末の責任準備金（狭義）の残200を今期末戻し入れる。 　　借方　責任準備金　　　200 　　貸方　責任準備金戻入　200 　今期末の責任準備金の額220を繰り入れる。 　　借方　責任準備金繰入　220 　　貸方　責任準備金　　　220
	5 異常危険準備金の処理		今期末の異常危険準備金の積立額300を積み立てる。 　　借方　異常危険準備金繰入　300 　　貸方　異常危険準備金　　　300 　損害率が所定の率を超えたので異常危険準備金の取崩を400行う。 　　借方　異常危険準備金　　　400 　　貸方　異常危険準備金戻入　400
資産・負債関係科目	1 未収共済掛金		共済掛金は、本来共済契約の締結と同時に収受すべきものであるが、何らかの事情により、組合直扱契約が契約者未収となる場合などの未収共済掛金を処理する。また、直扱契約で生じた異動、解約に伴う返還又は追徴共済掛金もこの勘定で処理する。
	2 代理店(所)貸		代理店（所）扱いの共済契約に関する共済掛金は、委託契約に定めるところにより一定の期限までに組合に納入されることから、この間の未収勘定を処理する。また、代理店（所）扱いで生じた異動、解約に伴う返還又は追徴共済掛金もこの勘定で処理する。なお、共済契約以外の事由による債権・債務をこの勘定で処理することは適当でない。
	3 代理店(所)借		代理店（所）の取り扱った共済掛金に付き一定割合で支払う代理店（所）手数料を処理する。

項　目	小　分　類	細　節	説　明
	4 再共済貸		再共済取引に伴う未収共済掛金、未払返戻金等の債権を処理する。
	5 再共済借		再共済契約に伴う、未払再共済料等の債務を処理する。

第3章　事業報告書と決算関係書類

　事業報告書と決算関係書類は、中協法第40条の規定により作成が義務付けられている。ここにいう決算関係書類とは「財産目録」、「貸借対照表」、「損益計算書」、「剰余金処分案（又は損失処理案）」をいう。

　いずれも、中協法規則の規定に基づき作成することが義務付けられている。なお、事業報告書と決算関係書類は、必ずしも書面で作成する必要はなく、中協法では電磁的方法（パソコン等を活用して磁気ディスク等により一定の情報を確実に記録しておく方法）により作成することも可能であり、さらに電磁的記録を電子メールにより組合員へ提供することも認められている。

第1節　事業報告書

　事業報告書は、通常総会（通常総代会）において組合の事業年度内における事業活動等を組合員に報告する書類である。したがって、その内容は組合の事業活動の状況を的確に記載することが必要である。

　この事業報告書に記載しなければならない事項は中協法規則第83条から第86条に規定されており、この規定に従って作成しなければならない。

1　中協法規則に規定されている事業報告書の記載事項

　中協法規則では、事業報告書に記載しなければならない項目として、「組合の事業活動の概況に関する事項」、「組合の運営組織の状況に関する事項」、「その他組合の状況に関する重要な事項」の3つの項目をもって作成することとされており、それぞれ項目にはさらに次の事項（共済事業を実施する組合に関する事項は略）を内容とすることとされている。なお、該当しないものは記載する必要はなく、逆に組合として記載すべきと考えられる事項を追加することは差し支えない。

○組合の事業活動の概況に関する事項
　一　当該事業年度の末日における主要な事業内容
　二　当該事業年度における事業の経過及びその成果
　三　当該事業年度における次に掲げる事項についての状況（重要なものに限る。）
　　イ　増資及び資金の借入れその他の資金調達（共済事業を行う組合については、共済掛金として受け入れたものを除く。）
　　ロ　組合が所有する施設の建設又は改修その他の設備投資
　　ハ　他の法人との業務上の提携
　　ニ　他の会社を子会社とすることとなる場合における当該他の会社の株式又は持分の取得又は処分
　　ホ　事業の全部又は一部の譲渡又は譲受け、合併（当該合併後当該組合が存続するものに限る。）その他の組織の再編成
　四　直前3事業年度（当該事業年度の末日において3事業年度が終了していない組合にあっては、成立後の各事業年度）の財産及び損益の状況
　五　対処すべき重要な課題
　六　前各号に掲げるもののほか、当該組合の現況に関する重要な事項

○組合の運営組織の状況に関する事項
　一　前事業年度における総会の開催状況に関する次に掲げる事項
　　イ　開催日時
　　ロ　出席した組合員（又は総代）の数
　　ハ　重要な事項の議決状況
　二　組合員に関する次に掲げる事項
　　イ　組合員の数及びその増減
　　ロ　組合員の出資口数及びその増減
　三　役員（直前の通常総会の日の翌日以降に在任していた者であって、当該事業年度の末日までに退任した者を含む。以下この条において同じ。）に関する次に掲げる事項
　　イ　役員の氏名
　　ロ　役員の当該組合における職制上の地位及び担当
　　ハ　役員が他の法人等の代表者その他これに類する者であるときは、その重要な事実
　　ニ　当該事業年度中に辞任した役員があるときは、次に掲げる事項
　　　(1)　当該役員の氏名
　　　(2)　法第36条の3第3項において準用する会社法第345条第1項の意見があったときは、その意見の内容
　　　(3)　法第36条の3第3項において準用する会社法第345条第2項の理由があるときは、その理由
　四　職員の数及びその増減その他の職員の状況
　五　業務運営の組織に関する次に掲げる事項
　　イ　当該組合の内部組織の構成を示す組織図（事業年度の末日後に変更があった場合には、当該変更事項を反映させたもの。）
　　ロ　当該組合と緊密な協力関係にある組合員が構成する組織がある場合には、その主要なものの概要
　六　施設の設置状況に関する次に掲げる事項
　　イ　主たる事務所、従たる事務所及び組合が所有する施設の種類ごとの主要な施設の名称及び所在地
　　ロ　共済事業を行う組合にあっては、法第9条の7の5第2項に規定する共済代理店に関する次に掲げる事項
　　　(1)　共済代理店の数及び増減
　　　(2)　新たに共済代理店となった者の商号、名称又は氏名及び所在地

第3章　事業報告書と決算関係書類

> 七　子会社の状況に関する次に掲げる事項
> 　　イ　子会社の区分ごとの重要な子会社の商号又は名称、代表者名及び所在地
> 　　ロ　イに掲げるものの資本金の額、当該組合の保有する議決権の比率及び主要な事業内容その他の子会社の概況
> 八　前各号に掲げるもののほか、当該組合の運営組織の状況に関する重要な事項
>
> ○その他組合の状況に関する重要な事項

2　事業報告書様式例

（全組合共通、ただし、非出資商工組合では該当しない箇所を削除）

事　業　報　告　書
自　平成　　年　　月　　日
至　平成　　年　　月　　日

Ⅰ　事業活動の概況に関する事項
　1　事業年度（末日）における主要な事業内容・当該事業年度における事業の経過及びその成果
　　（組合及び組合員をめぐる経済・経営状況、当該事業年度における主要な事業の内容・経過及び成果を事業ごとに記載）

　(1)　組合及び組合員をめぐる経済・経営状況
　(2)　共同事業の実施状況
　　　①　共同購買事業（事業内容と経過の概要、事業の成果を簡潔に記載）
　　　②　○○事業（事業内容と経過の概要、事業の成果を簡潔に記載）

　2　増資及び資金の借入れその他の資金調達の状況（当該事業年度中に新たな資金調達を実施した場合に記載）

資　金　実　績　表

資金運用実績		資金調達実績	
1　固定資産投資	×××	1　増資	×××
2　借入金返済額	×××	2　借入金	×××
3　出資・利用分量配当金	××	3　当期純利益金額	××
4　○○○	×××	4　減価償却費	×××
5　差引運転資金の増減	×××	5　○○○	×××
資金運用合計	××××	資金調達合計	××××

　3　設備投資の状況（当該事業年度中に設備投資を実施した場合に記載）
　　　①　組合会館・組合事務所　各○箇所
　　　②　工場・倉庫　各○箇所
　　　③　駐車場　各○箇所

第3章　事業報告書と決算関係書類

4　業務提携等重要事項の概要（業務上の提携、子会社にする会社の株式又は持分の取得、事業全部又は一部の譲渡又は譲受け・合併・その他の組織再編成があった場合に、その状況を記載）

5　直前3事業年度の財産及び損益の状況（当該事業年度は含まない）

項　目	前　期	前前期	前前前期
資産合計	×××	×××	×××
純資産合計	××	××	××
事業収益合計	×××	×××	×××
当期純利益金額	×	×	×

6　対処すべき重要な事項・組合の現況に関する重要な事項（組合が対処すべき課題等、組合の現状に関する状況の中で重要な事項がある場合に記載）

Ⅱ　運営組織の状況に関する事項
1　総会の開催状況（当該事業年度中に開催した総会の状況（開催日時、出席組合員数、出席理事・監事数、出席方法、主な議案の議決状況等）を記載）

2　理事会の開催状況（当該事業年度中に開催した理事会の状況（開催日時、出席理事・監事数、出席方法、主な議案の議決状況等）を記載）

3　委員会・部会等の開催状況（当該事業年度中に開催した委員会・部会等の状況（開催日時、出席者数、主な議題等）を記載）

4　組合員数及び出資口数の増減

（1口金額○○○円）

	前年度末	増　加	減　少	本年度末
組合員数	名	名	名	名
出資口数	口	口	口	口
出資総額	円	円	円	円

5　役員に関する事項
(1)　役員の氏名及び職制上の地位及び担当

地　位	氏　名	担　当

(2)　兼務役員についての重要な事実（組合の役職以外に就いている外部会社等における役職、た

だし員内役員については、組合にあっては組合員企業における役職、連合会にあっては会員組合における役職、所属員企業における役職を除く）

地　位	氏　名	兼務役員の状況（会社名と役職）

(3) 辞任した役員の氏名

地　位	氏　名	退任月日・退任事由

6　職員の状況及び業務運営組織図
(1) 職員の状況

	前期末	当期増加	当期減少	当期末
人　　数	人	人	人	人
平　均　年　齢	歳	歳	歳	歳
平均勤続年数	年	年	年	年

(2) 組織図

(3) 組合と協力関係にある組合員が構成する組織の概要

組織の名称	組織の目的と活動（事業）概要

7　施設の設置状況（主たる事務所、従たる事務所及び組合が所有する施設の種類ごとの主要な施設の名称及び所在地等）

施設の名称	施設の概要	所在地

第3章　事業報告書と決算関係書類

　　8　重要な子会社（子法人、関連会社）の状況（商号（名称）、代表者名、所在地、資本金額、当該子会社に対する組合の議決権比率、主な事業内容）
　　9　組合の運営組織の状況に関する重要な事項

Ⅲ　その他組合の状況に関する重要な事項

第2節　財産目録

　財産目録は、まず資産の内容を示し、ついで負債の内容を示し、その差額を正味資産として表示するものである。

　財産目録に付すべき価額については、昭和44年の最高裁判所の判決における「協同組合の組合員が組合から脱退した場合における持分計算の基礎となる組合財産の基礎となる価額の評価は、所論のように組合の損益計算の目的で作成されたいわゆる帳簿価額によるべきでなく、協同組合としての事業の継続を前提とし、なるべく有利にこれを一括譲渡する場合の価額を標準とすべきものと解するのが相当である。」に従い、処分換価価額に改訂すべきかについて検討されたが、当時は時価会計が行われていなかったため、従来からの取得原価基準による財産目録の作成を継続することにしてきた。

　平成13年に会計制度に時価会計が導入されたことから、第7回（平成13年11月）会計基準改訂に際して、再度時価への改正を検討した。その結果、取得原価基準による貸借対照表の価額を、財産目録に移記するが、財産目録の脚注に時価による組合正味財産の価額を表示することにした。

　今回、会計処理に関する規定が盛り込まれた中協法規則が公布されたが、同規則第82条第2項では、財産目録に計上すべき財産については、第129条（資産の評価）により取得価額を付すこととされた。このため、財産目録の作成方法は、従来どおり、取得原価基準であり、一部の名称等の変更を除いて改訂はない。

1　中協法規則上の財産目録に関する規定

　　中協法規則において、財産目録については次のとおり規定されている。

（財産目録）
第82条　法第40条第2項（法第69条第1項において準用する場合を含む。）の規定により各事業

第3章　事業報告書と決算関係書類

年度ごとに組合が作成すべき財産目録については、この条の定めるところによる。
2　前項の財産目録は、次に掲げる部に区分して表示しなければならない。
　一　資産
　二　負債
　三　正味資産
3　資産の部又は負債の部の各項目は、当該項目に係る資産又は負債を示す適当な名称を付した項目に細分することができる。
4　第2項の規定にかかわらず、共済事業を行う組合は、当該組合の財産状態を明らかにするため、同項第1号及び第2号について、適切な部又は項目に分けて表示しなければならない。
（資産の評価）
第129条　資産については、この省令又は法以外の法令に別段の定めがある場合を除き、会計帳簿にその取得価額を付さなければならない。
2　償却すべき資産については、事業年度の末日（事業年度の末日以外の日において評価すべき場合にあっては、その日。以下この款において同じ。）において、相当の償却をしなければならない。
3　次の各号に掲げる資産については、事業年度の末日において当該各号に定める価格を付すべき場合には、当該各号に定める価格を付さなければならない。
　一　事業年度の末日における時価がその時の取得原価より著しく低い資産（当該資産の時価がその時の取得原価まで回復すると認められるものを除く。）事業年度の末日における時価
　二　事業年度の末日において予測することができない減損が生じた資産又は減損損失を認識すべき資産　その時の取得原価から相当の減額をした額
4　取立不能のおそれのある債権については、事業年度の末日においてその時に取り立てることができないと見込まれる額を控除しなければならない。
5　債権については、その取得価額が債権金額と異なる場合その他相当の理由がある場合には、適正な価格を付すことができる。
6　次に掲げる資産については、事業年度の末日においてその時の時価又は適正な価格を付すことができる。
　一　事業年度の末日における時価がその時の取得原価より低い資産
　二　市場価格のある資産（子会社の株式及び持分並びに満期保有目的の債券を除く。）
　三　前二号に掲げる資産のほか、事業年度の末日においてその時の時価又は適正な価格を付すことが適当な資産
（負債の評価）
第130条　負債については、この省令又は法以外の法令に別段の定めがある場合を除き、会計帳簿に債務額を付さなければならない。
2　次に掲げる負債については、事業年度の末日においてその時の時価又は適正な価格を付すことができる。
　一　次に掲げるもののほか将来の費用又は損失（収益の控除を含む。以下この号において同じ。）の発生に備えて、その合理的な見積額のうち当該事業年度の負担に属する金額を費用又は損失として繰り入れることにより計上すべき引当金
　　イ　退職給付引当金（使用人が退職した後に当該使用人に退職一時金、退職年金その他これらに類する財産の支給をする場合における事業年度の末日において繰り入れるべき引当金をいう。）
　　ロ　返品調整引当金（常時、販売する棚卸資産につき、当該販売の際の価額による買戻しに係る特約を結んでいる場合における事業年度の末日において繰り入れるべき引当金をいう。）
　二　前号に掲げる負債のほか、事業年度の末日においてその時の時価又は適正な価格を付すことが適当な負債

第3章　事業報告書と決算関係書類

2　財産目録様式例

財　産　目　録
平成　年　月　日

円（千円）

一　資産の部

Ⅰ　流動資産
1　現金及び預金
　(1)　現金　　　　　　　　　　　　　　　　　×××
　(2)　預金　①当座預金　　○○口　　　　　　×××
　　　　　　　②普通預金　　○○口　　　　　　×××
　　　　　　　③定期預金　　○○口　　　　　　×××　　計×××
2　受取手形
　(1)　約束手形　　　　　○○通　　　　　　　　　　　×××
3　売掛金
　(1)　組合員売掛金　　○○口　　　　　　　　×××
　(2)　外部売掛金　　　○○口　　　　　　　　×××　　計×××
4　短期有価証券
　(1)　売買目的有価証券　　　○○株　　　　　×××
　(2)　満期保有目的有価証券　割引商工債券　　×××
　(3)　その他有価証券　　　　　　　　　　　　×××　　計×××
5　商品、製品、原材料等
　(1)　商品　　　　○○品　　　　　　　　　　×××
　(2)　貯蔵品　　　○○品　　　　　　　　　　×××　　計×××
6　前渡金
　(1)　組合員前渡金　　○○口　　　　　　　　×××
　(2)　外部前渡金　　　○○口　　　　　　　　×××　　計×××
7　前払費用　　　　借入利息未経過分　　　　　　　　　××
8　未収収益　　　　貸付利息未収分　　　　　　　　　　××
9　貸付金
　(1)　証書貸付金　　○○口　　　　　　　　　×××
　(2)　手形貸付金　　○○口　　　　　　　　　×××
　(3)　手形割引貸付金　○○口　　　　　　　　×××　　計×××
10　繰延税金資産　　　　　　　　　　　　　　　　　　××
11　その他の短期資産
　(1)　立替金　　　　　　　　　　　　　　　　　　　　××
　(2)　仮払金　　　　　　　　　　　　　××
　(3)　未収賦課金　　○○口　　　　　　　×××
　(4)　未収消費税等　　　　　　　　　　　×××　　　計×××
12　貸倒引当金　　　　　　　　　　　　　　　　　　△×××
　　　　　流動資産計　　　　　　　　　　　　　　　　××××

Ⅱ　固定資産
ⅰ　有形固定資産
1　建物及び建物付属設備
　(1)　建物　　　　　　取得価額　　償却累計額　　期末簿価
　　　①　事務所　　　　×××　　　×××　　　　×××
　　　②　工場　　　　　×××　　　×××　　　　×××　　計×××

(2)　建物付属設備　　　　　×××　　　×××　　　　　　　　　　×××
2　構築物　　　　　　　　　　×××　　　×××　　　　　　　　　　×××
3　機械及び装置　　　　　　　×××　　　×××　　　　　　　　　　×××
4　車両運搬具　　　　　　　　×××　　　×××　　　　　　　　　　×××
5　工具、器具及び備品　　　　×××　　　×××　　　　　　　　　　×××
6　土地　　○○市○○町○○　事務所敷地　　　　　　　　　　　　×××
7　建設仮勘定　　　　　　　　　　　　　　　　　　　　　　　　　×××
　　　　　　有形固定資産計　　　　　　　　　　　　　　　　　××××
ii　無形固定資産　　　　　　取得価額　償却累計額
1　特許権　　　　　　　　　　×××　　　×××　　　　　　　　　　×××
2　借地権　　○○市○○町○○　　　工場敷地　　　　　　　　　　×××
3　商標権　　　　　　　　　　×××　　　×××　　　　　　　　　　×××
4　ソフトウェア　　　　　　　×××　　　×××　　　　　　　　　　×××
5　電話加入権　　　　　　　　　　　　　　　　　　　　　　　　　×××
　　　　　　無形固定資産計
iii　外部出資その他の資産　　　　　　　　　　　　　　　　　××××
1　外部出資金
　　(1)　商工中金出資金　　○○口　　　　　　　　×××
　　(2)　○○連合会出資金　○○口　　　　　　　　×××　　　　計×××
2　長期保有有価証券
　　(1)　満期保有目的有価証券　　利付商工債券　　×××
　　(2)　その他有価証券　　　　　　　　　　　　　×××　　　　計×××
3　差入保証金・敷金　　　　　　　　　　　　　　　　　　　　　×××
4　長期前払費用
　　(1)　未経過保険料　　　　　　　　　　　　　　×××
　　(2)　未経過支払利息　　　　　　　　　　　　　×××
　　(3)　未経過賃貸料　　　　　　　　　　　　　　×××　　　　計×××
5　長期繰延税金資産　　　　　　　　　　　　　　　　　　　　　×××
6　その他の資産
　　(1)　特定引当資産　○○預金　○○口　　　　　　　　　　　×××
7　貸倒引当金　　　　　　　　　　　　　　　　　　　　　　△×××
　　　　　　外部出資その他の資産計　　　　　　　　　　　　××××
　　　　　　固定資産計　　　　　　　　　　　　　　　　　　××××

III　繰延資産
1　創立費　　　　総支出額　×××　償却累計額　×××　　　　×××
2　開業費　　　　総支出額　×××　償却累計額　×××　　　　×××
3　施設負担金　　総支出額　×××　償却累計額　×××　　　　×××
　　　　　　繰延資産計　　　　　　　　　　　　　　　　　　××××
　　　　　　資産合計　　　　　　　　　　　　　　　　　　×××××

　　　　　　　　　　　二　負債の部

I　流動負債
1　支払手形
　　(1)　支払手形○○事業　　　　○○通　　　　　　　　　　　×××
2　買掛金

第3章　事業報告書と決算関係書類

　　(1)　買掛金　　○○事業　　　　　　○○口　　　　　　　　　　　　　　×××
　3　前受金
　　(1)　組合員前受金　　　　　　　　　○○口　　　　　×××
　　(2)　前受○○金　　　　　　　　　　○○口　　　　　×××　　　　　計×××
　4　転貸借入金
　　(1)　商工中金○○支店　　　　　　　○○口　　　　　×××
　　(2)　○○銀行○○支店　　　　　　　○○口　　　　　×××　　　　　計×××
　5　短期借入金
　　(1)　商工中金○○支店　　　　　　　○○口　　　　　×××
　　(2)　○○銀行○○支店　　　　　　　○○口　　　　　×××　　　　　計×××
　6　未払金
　　(1)　未払○○金　　　　　　　　　　　　　　　　　　×××
　　(2)　未払配当金　　利用分量配当金　○○口　　　　　×××
　　(3)　未払持分　　　○年度分　　　　○○口　　　　　×××　　　　　計×××
　7　預り金
　　(1)　組合員預り金　　○○事業　　　○○口　　　　　×××
　　(2)　役職員預り金　　源泉所得税　　○○口　　　　　×××　　　　　計×××
　8　未払法人税等　　　　　　　　　　　　　　　　　　　×××
　9　未払消費税等　　　　　　　　　　　　　　　　　　　×××
　10　未払費用
　　(1)　未払○○料　　　　　　　　　　　　　　　　　　×××
　　(2)　未払支払利息　借入金利子経過分　　　　　　　　×××　　　　　計×××
　11　前受収益
　　(1)　前受貸付利息　貸付利息未経過分　　　　　　　　×××
　　(2)　前受手数料　　○○手数料未経過分　　　　　　　×××　　　　　計×××
　12　仮受賦課金　　　教育情報事業賦課金次期繰越事業分　　　　　　　　×××
　13　繰延税金負債　　　　　　　　　　　　　　　　　　　　　　　　　　×××
　14　その他短期負債　　　　　　　　　　　　　　　　　　　　　　　　　×××
　　　　　　流動負債計　　　　　　　　　　　　　　　　　　　　　　　××××

　Ⅱ　固定負債
　1　長期借入金
　　(1)　商工中金○○支店　　　○○事業　　　　　　　　×××
　　(2)　○○銀行○○支店　　　○○事業　　　　　　　　×××　　　　計×××
　2　都道府県等借入金　　　　　○○事業　　　　　　　　　　　　　　　×××
　3　組合員長期借入金　　　　　○○事業　　　　　　　　　　　　　　　×××
　4　長期未払金　　　　　　　　○○事業　　　　　　　　　　　　　　　×××
　5　長期繰延税金負債　　　　　　　　　　　　　　　　　　　　　　　　×××
　6　退職給与引当金　　　　　　　　　　　　　　　　　　　　　　　　　×××
　　　　　　固定負債計　　　　　　　　　　　　　　　　　　　　　　　××××
　　　　　　負債合計　　　　　　　　　　　　　　　　　　　　　　　　×××××

　　　　　　　　　　　　　　　三　正味資産の部

　Ⅰ　正味資産　　　　　　　　　　　　　　　　　　　　　　　　　　　××××

(注)
1　時価評価による組合正味資産の価額は××××である。
　　　なお、時価評価額の計算は、土地については固定資産税評価額倍率方式を採用し、建物等については簿価から過去の減価償却不足累計額を控除した額にした。
　　　平成○○年度土地固定資産税評価額　　　××××
　　　土地時価相当額　　　　　　　　　　　　××××
　　（固定資産税評価額を時価の○○％程度とみて、固定資産税評価額を○○％で除して時価評価額に還元する方法を行った。）
　※　土地の時価評価の方法には、本例のほか、相続税評価額や公示価額を基準とする方法、不動産鑑定士の鑑定による方法などがある。
　　　平成○○年度建物等期末帳簿価額　　　　××××
　　　減価償却不足累計額　　　　　　　　　　××××
　　　差引建物等時価相当額　　　　　　　　　××××
2　固定資産△△△の償却累計額の中には、次のものが含まれる。
　　　減価償却累計額　　　×××
　　　減損損失累計額　　　×××
　　　圧縮記帳繰入額　　　×××
3　土地の場合は土地の取得価額から控除した圧縮記帳繰入額　　××××

（作成上の留意事項）
(1)　財産目録は、貸借対照表と同一科目を使用すること。
(2)　単位の円表示に代えて¥マークを使用することができる。他の決算諸表についても同様である。
(3)　貸倒引当金は、個々の主たる勘定ごとに控除して示すことができる。
(4)　繰延税金資産及び繰延税金負債（長期を含む。）の科目については、税効果会計を適用した場合に使用する（貸借対照表において同じ。）。

第3節　貸借対照表

　貸借対照表は、継続的な会計帳簿の記録から誘導的に作成されるもので、一定の日時における組合の財政状態を明らかにする資産、負債、純資産の対照表である。

　貸借対照表に記載される資産の価額は、原則として当該資産の処分価額ではなくて取得価額であり、その貸方は組合資本の調達源泉を示し、その借方はその資本の運用状況を示すもので、これが組合財政状態を表示するといわれるゆえんである。

　貸借対照表を作成するに当たっては、企業会計原則に準拠しなければならないが、組合会計における剰余金の配当、持分の計算、加入金、事業別会計等、特殊な会計が必要になる。

　組合会計基準は、これらの会計に対して一定の基準を示してきた。

第3章　事業報告書と決算関係書類

　平成19年4月、中協法規則が改正され貸借対照表の表示等に関する規定が設けられたことから、この規定を踏まえて作成することが要請されている。なお、中協法規則第71条には用語の解釈及び規定の適用に関して、一般に公正妥当と認められる企業会計の基準、その他の会計の慣行をしん酌することが規定されており、この「その他の会計の慣行」には組合会計基準の内容が包含されている。

1　中協法規則の貸借対照表に関する規定

> （通則）
> 第83条　貸借対照表等（法第40条第1項に規定する組合の成立の日における貸借対照表、各事業年度ごとに組合が作成すべき貸借対照表（法第40条第2項（法第69条第1項において準用する場合を含む。）に規定する貸借対照表をいう。以下この款及び第11節において同じ。）及び連結貸借対照表をいう。以下同じ。）については、この款の定めるところによる。
> （貸借対照表等の区分）
> 第84条　貸借対照表等は、次に掲げる部に区分して表示しなければならない。
> 　一　資産
> 　二　負債
> 　三　純資産
> 2　資産の部又は負債の部の各項目は、当該項目に係る資産又は負債を示す適当な名称を付さなければならない。
> 3　連結組合が2以上の異なる種類の事業を営んでいる場合には、連結貸借対照表の資産の部及び負債の部は、その営む事業の種類ごとに区分することができる。

　上記の規定を受けて、第85条（資産の部の区分）、第86条（負債の部の区分）、第62条（純資産の部の区分）に規定されている区分は、次のとおりである。

資産の部の区分（中協法規則第85条第1項）	流動資産、固定資産、繰延資産
固定資産の区分（中協法規則第85条第2項）	有形固定資産、無形固定資産、外部出資その他の資産
負債の部の区分（中協法規則第86条第1項）	流動負債、固定負債
純資産の部の区分（中協法規則第88条第1項）	組合員資本、評価・換算差額等
組合員資本の区分（中協法規則第88条第2項）	出資金、未払込出資金、資本剰余金、利益剰余金

　上記の中協法規則に規定されている具体的な項目（勘定科目をいう。）は、さらに次のとおり区分しなければならないとされている。

○流動資産（中協法規則第85条第3項第1号）

　　現金及び預金、受取手形、売掛金、売買目的及び短期有価証券、商品、製品、副産物及び作業くず、半製品、原料及び材料、仕掛品及び半成工事、消耗品、消耗工具、器具及び備品、貯蔵品、前渡金、前払費用、未収収益、貸付金、繰延税金資産

○有形固定資産（中協法規則第85条第3項第2号）

　　建物及び暖房、照明、通風等の付属設備、構築物、機械及び装置、コンベヤー、起重機等の搬送設備、その他の付属設備、船舶及び水上運搬具、鉄道車輛、自動車その他陸上運搬具、工具、器具及び備品、土地、建設仮勘定

○無形固定資産（中協法規則第85条第3項第3号）

　　特許権、借地権、商標権、実用新案権、意匠権、鉱業権、漁業権、ソフトウェア

○外部出資その他の資産（中協法規則第85条第3項第4号）

　　外部出資、長期保有有価証券、長期前払費用、繰延税金資産

○流動負債（中協法規則第86条第2項第1号）

　　支払手形、買掛金、前受金、引当金、転貸借入金、短期借入金、未払金、預り金、未払法人税等、未払費用、前受収益、仮受賦課金、繰延税金負債

○固定負債（中協法規則第86条第2項第2号）

　　長期借入金、引当金、繰延税金負債

○資本剰余金（中協法規則第88条第3項）

　　資本準備金、その他資本剰余金

○利益剰余金（中協法規則第88条第4項）

　　利益準備金、その他利益剰余金

○その他利益剰余金（中協法規則第88条第6項）

　　教育情報費用繰越金、組合積立金、当期未処分剰余金、当期未処理損失金

第3章　事業報告書と決算関係書類

2　貸借対照表様式例

貸　借　対　照　表
平成　　年　　月　　日

円（千円）

（一　資産の部）			（二　負債の部）		
I	流動資産		I	流動負債	
1	現金及び預金	×××	1	支払手形	×××
2	受取手形	×××	2	買掛金	×××
3	売掛金	×××	3	前受金	×××
4	短期有価証券	×××	4	転貸借入金	×××
5	商品、製品、原材料等	×××	5	短期借入金	×××
6	前渡金	×××	6	未払金	×××
7	前払費用	×××	7	預り金	×××
8	未収収益	×××	8	未払法人税等	×××
9	貸付金	×××	9	未払消費税等	×××
10	繰延税金資産	×××	10	未払費用	×××
11	その他の短期資産	×××	11	前受収益	×××
12	貸倒引当金	△××××	12	仮受賦課金	×××
	流動資産計	××××	13	繰延税金負債	×××
			14	その他の短期負債	×××
				流動負債計	××××
II	固定資産		II	固定負債	
i	有形固定資産		1	長期借入金	×××
1	建物及び建物付属設備	×××	2	都道府県等借入金	×××
2	構築物	×××	3	組合員長期借入金	×××
3	機械及び装置	×××	4	長期未払金	×××
4	車両運搬具	×××	5	長期繰延税金負債	×××
5	工具、器具及び備品	×××	6	退職給与引当金	×××
6	土地	×××		固定負債計	××××
7	建設仮勘定	×××			
	有形固定資産計	××××		負債合計	×××××
ii	無形固定資産		（三　純資産の部）		
1	特許権	×××	I	組合員資本	
2	借地権	×××	i	出資金	××××
3	商標権	×××	ii	未払込出資金	△×××
4	ソフトウェア	×××		出資金計	××××
5	電話加入権	×××	iii	資本剰余金	
6	その他の無形固定資産	×××	1	資本準備金	
	無形固定資産計	××××	（1）	加入金	××
iii	外部出資その他の資産		（2）	増口金	××
1	外部出資	×××		資本準備金計	××××
2	長期保有有価証券	×××	2	その他資本剰余金	
3	差入保証金・敷金	×××	（1）	出資金減少差益	×××
4	長期前払費用	×××		資本剰余金計	××××
5	長期繰延税金資産	×××			

6	その他の資産	×××	ⅳ 利益剰余金	
(1)	特定引当資産	×××	1 利益準備金	×××
7	貸倒引当金	△×××	2 その他利益剰余金	
	外部出資その他の資産計	××××	(1) 教育情報費用繰越金	×××
	固定資産計	×××××	(2) 組合積立金	
			①特別積立金	×××
Ⅲ	繰延資産		②○周年記念事業積立金	×××
1	創立費	×××	③役員退職給与積立金	×××
2	開業費	×××	組合積立金計	××××
3	施設負担金	×××	(3) 当期未処分剰余金	
	繰延資産計	××××	又は当期未処理損失金	
			①当期純利益金額	×××
	資産合計	×××××	又は当期純損失金額	(△×××)
			②前期繰越剰余金	×××
			又は前期繰越損失金	(△×××)
			当期未処分剰余金	×××
			又は当期未処理損失金計	(△×××)
			その他利益剰余金計	×××
			利益剰余金計	××××
			組合員資本計	××××
			Ⅱ 評価・換算差額等	
			1 その他有価証券評価差額金	×××
			2 その他評価・換算差額等	
			(1) 脱退者持分払戻勘定	△×××
			評価・換算差額等計	×××
			純資産合計	××××
			負債及び純資産合計	×××××

(注)
1 重要な会計方針
 ① 棚卸資産は、取得原価基準による最終原価法によった。
 ② 満期保有目的債券は、償却原価法によった。
 ③ その他有価証券は、期末時価で評価し評価差額を、純資産の部その他有価証券評価差額金へ全額資本直入した。繰延税金資産は回収可能性が乏しいため計上しない。
 ④ 固定資産の減価償却は、建物及び無形固定資産は定額法、建物付属設備・構築物・機械及び装置・自動車陸上運搬具・工具器具及び備品は定率法によっている。
 ⑤ 退職給与引当金は、職員の期末退職給与要支給額を計上している。
 ⑥ 長期請負工事については、工事進行基準を適用している。
2 貸借対照表
 ① 受取手形割引高   ××××円
 ② 受取手形裏書譲渡高   ××××円
 ③ 保証債務残高 ○○口   ××××円
 ④ 担保提供資産価額 土地   ××××円
           建物   ××××円
 ⑤ 有形固定資産減価償却累計額   ××××円
 ⑥ 減損損失累計額 土地   ××××円

⑦　圧縮記帳処理額　　土地　　　　　　　××××円
　　　　　　　　　　　　　　建物・設備　　　　××××円
　３　会計方針の変更
　　　①　商品については、従来○○法によっていたが、当期○○法に変更した。この変更により購買事業費は××××円増加（減少）した。
　　　②　機械及び装置については、従来○○法によっていたが、当期○○法に変更した。この変更により生産・加工事業費は、××××円増加（減少）した。

（作成上の留意事項）
（１）　年度末に脱退する組合員がある場合は、当該出資金を未払金に計上し、期末出資金に対する出資口数を事業報告書の期末の出資口数に合致させ、期末出資金について変更登記を行う必要がある。
（２）　特定引当資産については、信託預金、定期預金等その資産の実在を示す科目をもって掲記し、引当資産である旨を脚注に表示することができる。
（３）　減価償却費、減損損失について、間接法を採用している場合には、個々の有形固定資産の取得価額から控除する形式で表示する。
　　　　　　　　個々の有形固定資産の取得価額　　　　　×××
　　　　　　　　個々の有形固定資産の減価償却累計額　　×××
　　　　　　　　個々の有形固定資産の減損損失累計額　　×××
　　　　　　　　個々の有形固定資産の圧縮記帳繰入額　　×××
（４）　未払込出資金のない組合は、払込出資金、未払込出資金の表示をせずに、出資金のみの表示でよい。
（５）　脚注事項は、できるだけその内容が明らかになるよう記載すること。
（６）　財産目録の作成上の留意事項も参照のこと。
（７）　本様式は勘定式であるが、報告式によることができる。

第４節　損益計算書

　損益計算書は、１事業年度の損益をその発生源泉別に収益と費用を対応して示し、組合の経営成績を表示しようとするものであるが、単に経営成績を明らかにするにとどまらず、将来の経費節約、収益の増加を図る参考指針として重要であるばかりでなく、利害関係人にとっては、組合の損益状況及びその趨勢を観察するための書類である。
　この損益計算書に関し、企業会計原則はその損益計算書原則において、その本質に関し、次のように述べている。

　「損益計算書は、企業の経営成績を明らかにするため、一会計期間に属するすべての収益とこれに対応するすべての費用とを記載して経常利益を表示し、これに特別損益に属する項目を加減して当期純利益を表示しなければならない。
　Ａ　すべての費用及び収益は、その支出及び収入に基づいて計上し、その発生した期間

に正しく割当てられるように処理しなければならない。ただし、未実現収益は、原則として、当期の損益計算に計上してはならない。

　前払費用及び前受収益は、これを当期の損益計算から除去し、未払費用及び未収収益は、当期の損益計算に計上しなければならない。

B　費用及び収益は、総額によって記載することを原則とし、費用の項目と収益の項目とを直接に相殺することによってその全部又は一部を損益計算書から除去してはならない。

C　費用及び収益は、その発生源泉に従って明瞭に分類し、各収益項目とそれに関連する費用項目とを損益計算書に対応表示しなければならない。」

　組合会計は、企業会計原則に準拠し、さらに組合会計における剰余金の配当、持分計算、加入金、事業別会計等の特殊な会計が必要となる。

　組合会計基準は、これらの会計に対して一定の基準を示してきた。

　なお、中協法規則第71条には、用語の解釈及び規定の適用に関して、「一般に公正妥当と認められる企業会計の基準その他の会計の慣行をしん酌しなければならない」ことが規定されており、この「その他の会計の慣行」の中に組合会計基準の内容が包含されている。

　また、費用配賦表は中協法規則に特段の規定はないが、損益計算書の一部を構成する書類であり、事業別損益計算書を作成する際に事業の間接的な経費を各事業別の損益に配賦する場合に作成する。費用配賦表には、すべての間接的な経費を各事業費に配賦する方法と事業に関する間接的な経費のみを各事業費に配賦し一般管理費を残す方法の2つの方法がある。

　製造原価報告書も中協法規則において作成の義務付けはないが、製造原価の内容を記載する報告書として損益計算書へ添付することができる。

1　中協法規則の損益計算書に関する規定

（通則）
第96条　各事業年度ごとに組合が作成すべき損益計算書等（損益計算書（法第40条第2項に規定する損益計算書をいう。以下この款及び第11節において同じ。）及び連結損益計算書をいう。以下同じ。）については、この款の定めるところによる。
（損益計算書等の区分）

第3章　事業報告書と決算関係書類

　第97条　損益計算書等は、次に掲げる項目に区分して表示しなければならない。この場合において、各項目について細分することが適当な場合には、適当な項目に細分することができる。
　　一　事業収益
　　二　賦課金等収入（法第12条第１項又は第13条の規定に基づき徴収したものをいう。以下同じ。）
　　三　事業費用
　　四　一般管理費
　　五　事業外収益
　　六　事業外費用
　　七　特別利益
　　八　特別損失
　２　事業収益に属する収益は、売上高、受取手数料、受取施設利用料、受取貸付利息、受取保管料、受取検査料その他の項目の区分に従い、細分しなければならない。
　３　賦課金等収入に属する収益は、賦課金収入、参加料収入、負担金収入その他の項目の区分に従い、細分しなければならない。
　４　事業費用に属する費用は、売上原価、販売費、購買費、生産・加工費、運送費、転貸支払利息その他の項目の区分に従い、細分しなければならない。
　５　一般管理費に属する費用は、人件費、業務費、諸税負担金その他の項目の区分に従い、細分しなければならない。
　６　事業外収益に属する収益は、受取利息（法第９条の２第１項第２号若しくは第９条の９第１項第２号の事業又は共済事業として受け入れたものを除く。）、外部出資に係る出資配当金の受入額その他の項目に細分しなければならない。
　７　事業外費用に属する費用は、支払利息（法第９条の２第１項第２号若しくは第９条の９第１項第２号の事業又は共済事業として受け入れたものを除く。）、創立費償却、寄付金その他の項目に細分しなければならない。
　８　特別利益に属する利益は、固定資産売却益、補助金収入（経常的経費に充てるべきものとして交付されたものを除く。）、前期損益修正益その他の項目の区分に従い、細分しなければならない。
　９　特別損失に属する損失は、固定資産売却損、固定資産圧縮損、減損損失、災害による損失、前期損益修正損その他の項目の区分に従い、細分しなければならない。
　10　第２項から前項までの規定にかかわらず、第２項から前項までに規定する各収益若しくは費用又は利益若しくは損失のうち、その金額が重要でないものについては、当該収益若しくは費用又は利益若しくは損失を細分しないこととすることができる。
　11　組合又は連結組合が２以上の異なる種類の事業を行っている場合には、第１項第１号から第４号までに掲げる収益又は費用は、事業の種類ごとに区分することができる。
　12　損益計算書等の各項目は、当該項目に係る収益若しくは費用又は利益若しくは損失を示す適当な名称を付さなければならない。
　（事業総損益金額）
　第98条　事業収益に賦課金等収入を加算して得た額から事業費用を減じて得た額（以下「事業総損益金額」という。）は、事業総利益金額として表示しなければならない。
　２　組合又は連結組合が２以上の異なる種類の事業を行っている場合には、事業総利益金額は、事業の種類ごとに区分し表示することができる。
　３　前２項の規定にかかわらず、事業総利益金額が零未満である場合には、零から事業総利益金額を減じて得た額を、事業総損失金額として表示しなければならない。
　（事業損益金額）
　第99条　事業総損益金額（当該金額が２以上ある場合には、その合計額）から一般管理費の合計額を減じて得た額（以下「事業損益金額」という。）は、事業利益金額として表示しなければならない。
　２　前項の規定にかかわらず、事業損益金額が零未満である場合には、零から事業損益金額を減

じて得た額を、事業損失金額として表示しなければならない。
(経常損益金額)
第100条　事業損益金額に事業外収益を加算して得た額から事業外費用を減じて得た額（以下「経常損益金額」という。）は、経常利益金額として表示しなければならない。
2　前項の規定にかかわらず、経常損益金額が零未満である場合には、零から経常損益金額を減じて得た額を、経常損失金額として表示しなければならない。
(税引前当期純損益金額)
第101条　経常損益金額に特別利益を加算して得た額から特別損失を減じて得た額（以下「税引前当期純損益金額」という。）は、税引前当期純利益金額（連結損益計算書にあっては、税金等調整前当期純利益金額）として表示しなければならない。
2　前項の規定にかかわらず、税引前当期純損益金額が零未満である場合には、零から税引前当期純損益金額を減じて得た額を、税引前当期純損失金額（連結損益計算書にあっては、税金等調整前当期純損失金額）として表示しなければならない。
(税等)
第102条　次に掲げる項目の金額は、その内容を示す名称を付した項目をもって、税引前当期純利益金額又は税引前当期純損失金額（連結損益計算書にあっては、税金等調整前当期純利益金額又は税金等調整前当期純損失金額）の次に表示しなければならない。ただし、第3号及び第4号に掲げる項目は、連結損益計算書に限る。
　一　当該事業年度（連結損益計算書にあっては、連結会計年度）に係る法人税等（法人税、住民税及び事業税をいう。以下同じ。）
　二　法人税等調整額（税効果会計（貸借対照表等に計上されている資産及び負債の金額と課税所得の計算の結果算定された資産及び負債の金額との間に差異がある場合において、当該差異に係る法人税等の金額を適切に期間配分することにより、法人税等を控除する前の当期純利益の金額と法人税等の金額を合理的に対応させるための会計処理をいう。）の適用により計上される前号に掲げる法人税等の調整額をいう。）
　三　税金等調整前当期純利益として表示した額があるときは、当該額のうち少数株主持分に属するもの
　四　税金等調整前当期純損失として表示した額があるときは、当該額のうち少数株主持分に属するもの
2　法人税等の更正、決定等による納付税額又は還付税額がある場合には、前項第1号に掲げる項目の次に、その内容を示す名称を付した項目をもって表示するものとする。ただし、これらの金額の重要性が乏しい場合は、同号に掲げる項目の金額に含めて表示することができる。
(当期純損益金額)
第103条　第1号から第3号までに掲げる額の合計額から第4号及び第5号に掲げる額の合計額を減じて得た額（以下「当期純損益金額」という。）は、当期純利益金額として表示しなければならない。

　上記のとおり、損益計算書は事業収益、賦課金等収入、事業費用、一般管理費、事業外収益、事業外費用、特別利益、特別損失に区分するとともに、それぞれの項目はさらに細分しなければならない。一方で金額が重要でないものについては細分しないことも可能としていることから、組合の実情に応じて判断することが必要である。また、組合の実施する事業の種類ごとに収益、費用を区分することもできることとされている。
　なお、損益計算書における計算の流れ及び概念は次のとおりとされている。

第3章　事業報告書と決算関係書類

　　　事業収益　＋　賦課金等収入　－　事業費用
＝　事業総損益金額（事業総利益金額又は事業総損失金額）

　　　事業総損益金額（事業総利益金額又は事業総損失金額）　－　一般管理費
＝　事業損益金額（事業利益金額又は事業損失金額）

　　　事業損益金額（事業利益金額又は事業損失金額）　＋　事業外収益　－　事業外費用
＝　経常損益金額（経常利益金額又は経常損失金額）

　　　経常損益金額（経常利益金額又は経常損失金額）　＋　特別利益　－　特別損失
＝　税引前当期純損益金額（税引前当期純利益金額又は税引前当期純損失金額）

　　　税引前当期純損益金額（税引前当期純利益金額又は税引前当期純損失金額）　－　税等
＝　当期純損益金額（当期純利益金額又は当期純損失金額）

2　損益計算書様式例

①　損益計算書様式例1

<u>事業別損益計算書を必要としていない組合を対象にした様式例</u>

損　益　計　算　書
自　平成　　年　　月　　日
至　平成　　年　　月　　日

円（千円）

（三　事業費用の部）			（一　事業収益の部）		
Ⅰ　販売事業費用			Ⅰ　販売事業収益		
1　売上原価			1　売上高		
(1)　期首棚卸高	××		(1)　外部売上高	××	
(2)　当期仕入高	××		(2)　組合員売上高	××	
(3)　期末棚卸高	△××	××	(3)　受取手数料	××	××
2　販売費			2　その他販売収益		
(1)　○○○費	××		(1)　広告宣伝収入	××	
(2)　○○○費	××	××	(2)　受取出品	××	××
計		×××	計		×××

第3章　事業報告書と決算関係書類

Ⅱ　購買事業費用
1　売上原価
　(1)　期首棚卸高　　　　　××
　(2)　当期仕入高　　　　　××
　(3)　期末棚卸高　　△××　××
2　購買費
　(1)　○○○費　　　　　　××
　(2)　○○○費　　　　　　××　××
　　　　　計　　　　　　　　　　×××
Ⅲ　金融事業費用
1　転貸支払利息　　　　　　××　××
2　金融費
　(1)　○○○費　　　　　　××
　(2)　○○○費　　　　　　××　××
　　　　　計　　　　　　　　　　××
Ⅳ　生産・加工事業費用
1　売上原価
　(1)　期首棚卸高　　　　　××
　(2)　当期製品製造原価　　××
　(3)　期末棚卸高　　△××　××
2　生産・加工費
　(1)　○○○費　　　　　　××
　(2)　○○○費　　　　　　××　××
　　　　　計　　　　　　　　　　××
Ⅴ　施設事業費用
1　施設減価償却費　　　　　××
2　施設借入支払利息　　　　××
3　施設費　　　　　　　　　××
　　　　　計　　　　　　　　××
Ⅵ　保管・運送事業費用
1　保管費　　　　　　　　　××
2　運送費　　　　　　　　　××
　　　　　計　　　　　　　　××
Ⅶ　検査・試験・開発事業費用
1　検査費　　　　　　　　　××
2　試験研究費　　　　　　　××
3　研究開発費　　　　　　　××
　　　　　計　　　　　　　　××
Ⅷ　教育情報事業費用
1　講習会費　　　　　　　　××
2　視察費　　　　　　　　　××
3　情報提供費　　　　　　　××
　　　　　計　　　　　　　　××
Ⅸ　福利厚生事業費用
1　親睦会費　　　　　　　　××
2　慶弔費　　　　　　　　　××
　　　　　計　　　　　　　　××
Ⅹ　保険業務代理・代行事業費用
1　支払団体保険料　　　　　××

Ⅱ　購買事業収益
1　売上高
　(1)　組合員売上高　　　　××
　(2)　外部売上高　　　　　××
　(3)　受取手数料　　　　　××　××
2　その他購買収益
　(1)　○○○収入　　　　　××
　(2)　○○○収入　　　　　××　××
　　　　　計　　　　　　　　　×××
Ⅲ　金融事業収益
1　受取貸付利息　　　　　　××
2　受取貸付手数料　　　　　××
3　その他金融収益
　(1)　受取保証料　　　　　××
　(2)　○○○収入　　　　　××　××
　　　　　計　　　　　　　　××
Ⅳ　生産・加工事業収益
1　売上高
　(1)　組合員売上高　　　　××
　(2)　外部売上高　　　　　××
　(3)　受取手数料　　　　　××　××
2　その他生産・加工収益
　(1)　受取受注手数料　　　××
　(2)　○○○　　　　　　　××　××
　　　　　計　　　　　　　　××
Ⅴ　施設事業収益
1　受取施設利用料　　　　　××
2　施設負担金収入　　　　　××
3　減価償却負担金収入　　　××
4　利子負担金収入　　　　　××
　　　　　計　　　　　　　　××
Ⅵ　保管・運送事業収益
1　受取保管料　　　　　　　××
2　受取運送料　　　　　　　××
　　　　　計　　　　　　　　××
Ⅶ　検査・試験・開発事業収入
1　受取検査料　　　　　　　××
2　受取試験料　　　　　　　××
3　試験開発負担金収入　　　××
　　　　　計　　　　　　　　××
Ⅷ　教育情報事業収益
1　教育情報賦課金収入　　　××
2　仮受賦課金繰入・戻入　　××
3　教育情報費用繰越金取崩　××
4　教育事業参加料収入　　　××
　　　　　計　　　　　　　　××
Ⅸ　福利厚生事業収益
1　福利厚生事業参加料収入　××
Ⅹ　保険業務代理・代行事業収益

第3章　事業報告書と決算関係書類

　　2　支払団体保険金　　　　　　　××
　　3　支払団体保険配当金　　　　　××
　　　　　　計　　　　　　　　　　　××
　XI　○周年記念事業費
　　1　記念式典費　　　　　　　　　××
　　2　記念出版物費　　　　　　　　××
　　3　記念祝賀会費　　　　　　　　××
　　　　　　計　　　　　　　　　　　××
　XII　貸倒引当金繰入　　　　　　　××

事業費用合計　　　　　　　　　　　×××

事業総利益金額　　　　　　　　　　×××
又は事業総損失金額　　　　　　　（△×××）

　　　　（四　一般管理費の部）
　XIII　一般管理費
　　1　人件費
　　　(1)　役員報酬　　　　　　　　××
　　　(2)　職員給料　　　　　　　　××
　　　(3)　福利厚生費　　　　　　　××
　　　　（法定福利費、厚生費）
　　　(4)退職金、退職金共済掛金
　　　　　　　　　　　　　　　　　　××
　　　(5)退職給与引当金繰入
　　　　　　　　　　　　　　　　　　××
　　　(6)退職給与引当金戻入
　　　　　　　　　　　　　　　　　△××
　　　(7)役員退職金　　　　　　　　××
　　　(8)役員退職給与積立金取崩
　　　　　　　　　　　　　△××　　　×××
　　2　業務費
　　　(1)　教育研究費、研究開発費、新聞図書
　　　　　費　　　　　　　　　　　　××
　　　(2)　旅費交通費、通信費
　　　　　　　　　　　　　　　　　　××
　　　(3)　会議費　　　　　　　　　××
　　　　（総会費、理事会費、部・委員会費、
　　　　　支部会議費）　　　　　　　××
　　　(4)　消耗品費、事務用品費、印刷費、
　　　　　器具備品費　　　　　　　　××
　　　(5)　賃借料、支払家賃、支払保険料、
　　　　　水道光熱費、修繕費、車両費、コンピ
　　　　　ュータ関係費　　　　　　　××
　　　(6)　支払手数料、関係団体負担金、交際
　　　　　費、雑費　　　　　　　　　××
　　　(7)　減価償却費、借家権償却
　　　　　　　　　　　　××　　　×××

　　1　団体保険料収入　　　　　　　××
　　2　団体保険金収入　　　　　　　××
　　3　団体保険配当金収入　　　　　××
　　4　受取事務手数料　　　　　　　××
　　　　　　計　　　　　　　　　　　××
　XI　○周年記念事業収入
　　1　記念事業参加料収入　　　　　××
　　2　○周年記念事業積立金取崩　　××
　　3　記念事業雑収入　　　　　　　××
　　　　　　計　　　　　　　　　　　××

事業収益合計　　　　　　　　　　　×××

　　　　（二　賦課金等収入の部）
　XII　賦課金等収入
　　1　賦課金収入（平等割）　　　　××
　　2　賦課金収入（差等割）　　　　××
　　3　特別賦課金等収入　　　　　　××
　　4　参加料収入　　　　　　　　　××
　　5　負担金収入　　　　　　　　　××

賦課金等収入合計　　　　　　　　　×××

　　　　（五　事業外収益の部）
　XIII　事業外収益
　　1　受取利息　　　　　　　　　　××
　　2　受取外部出資配当金　　　　　××
　　3　為替差益　　　　　　　　　　××
　　4　協賛金収入　　　　　　　　　××
　　5　加入手数料収入　　　　　　　××
　　6　事業経費補助金収入　　　　　××
　　7　過怠金収入　　　　　　　　　××
　　8　雑収入　　　　　　　　　　　××

事業外収益合計　　　　　　　　　　×××

　　　　（七　特別利益の部）
　XIV　特別利益
　　1　固定資産売却益　　　　　　　××
　　2　補助金収入　　　　　　　　　××
　　3　貸倒引当金戻入　　　　　　　××
　　4　未払法人税等戻入　　　　　　××
　　5　前期損益修正益　　　　　　　××
　　6　特別積立金取崩　　　　　　　××
　　7　その他特別利益　　　　　　　××

特別利益合計　　　　　　　　　　　×××

3　諸税負担金
　　（1）　租税公課　　　××
　　（2）　消費税等　　　××　　　×××

　　　　一般管理費合計　　　　　××××

事業利益金額又は事業損失金額　　×××
　　　　　　　　　　　　　　　（△×××）

　　　　　（六　事業外費用の部）
XIV　事業外費用
　1　支払利息　　　　　　　××
　2　手形売却損　　　　　　××
　3　為替差損　　　　　　　××
　4　創立費償却　　　　　　××
　5　繰延消費税等償却　　　××
　6　貸倒損失　　　　　　　××
　7　雑損失　　　　　　　　××
　8　寄付金　　　　　　　　××
　9　貸倒引当金繰入　　　　××
　　　事業外費用合計　　　　×××

経常利益金額又は経常損失金額　　×××
　　　　　　　　　　　　　　　（△×××）

　　　　　（八　特別損失の部）
XV　特別損失
　1　固定資産売却損　　　　××
　2　固定資産除却損　　　　××
　3　固定資産圧縮損　　　　××
　4　災害損失　　　　　　　××
　5　前期損益修正損　　　　××
　6　減損損失　　　　　　　××
　7　その他特別損失　　　　××

特別損失合計　　　　　　　　×××

税引前当期純利益金額　　　　×××
又は税引前当期純損失金額

XVI　税等
　1　法人税等　　　　　　　××
　2　法人税等調整額　　　　××
　税等合計　　　　　　　　　××

当期純利益金額又は当期純損失金額
　　　　　　　　　　　　　　×××

第3章　事業報告書と決算関係書類

(作成上の留意事項)
(1) 事業別に費用収益を対応表示する場合に、事業の間接的な経費は、各事業ごとの費用として表示することが望ましいが、事業規模が小さく事業の間接的な経費を区分することが重要でない場合は、これらを一般管理費に含めて表示しても差し支えない。
(2) 事業の間接的な経費を一般管理費に含めて処理している場合に、期末においてこれらを各事業費に振り替える場合に、各費目ごとに振替額を振り替える方法に代えて、一般管理費の区分に「事業費へ振替え」欄を設けて各費目を総括した表示を用いることができる。

　　　4　事業費へ振替え
　　　　(1)　販売費へ振替え　　　△××
　　　　(2)　購買費へ振替え　　　△××
　　　　(3)　金融費へ振替え　　　△××
　　　　(4)　生産・加工費へ振替え　△××

　なお、この場合の各事業費への振替額は、事業別損益計算書の作成に当たって用いる費用配賦表により算出される総合的な配賦額とは異なり、各費目から各事業費へ振り替えるものを合計して表示するものであるから、主要な項目を対象にして差し支えない。
(3) 貸倒損失が発生した場合は、貸倒損失発生額を事業費又は事業外費用に計上し、貸倒引当金の戻入は行わない。貸倒引当金は期末に差額補充法により処理する。
(4) 本様式は勘定式であるが、報告式によることができる。

②　損益計算書様式例2

<u>事業別損益計算書を必要としている組合を対象にした様式例</u>

損　益　計　算　書
自　平成　　年　　月　　日
至　平成　　年　　月　　日

円（千円）

（三　事業費用の部）			（一　事業収益の部）		
Ⅰ　販売事業費用			Ⅰ　販売事業収益		
1　売上原価			1　売上高		
(1)　期首棚卸高	××		(1)　外部売上高	××	
(2)　当期仕入高	××		(2)　組合員売上高	××	
(3)　期末棚卸高	△××	××	(3)　受取手数料	××	×××
2　販売費			2　その他販売収益		
(1)　配賦経費	××		(1)　販売雑収入	××	
(2)　手形売却損	××		(2)　○○○収入	××	×××
(3)　貸倒引当金繰入	××	×××	計		×××
3　販売事業利益		××	Ⅱ　購買事業収益		
又は販売事業損失		(△××)	1　売上高		
Ⅱ　購買事業費用			(1)　組合員売上高	××	
1　売上原価			(2)　外部売上高	××	
(1)　期首棚卸高	××		(3)　受取手数料	××	×××
(2)　当期仕入高	××		2　その他購買収益		
(3)　期末棚卸高	△××	×××	(1)　購買雑収入	××	
2　購買費			(2)　○○○収入	××	×××
(1)　配賦経費	××		計		×××
(2)　手形売却損	××		Ⅲ　金融事業収益		

(3) 貸倒引当金繰入	××	××	

```
　3　購買事業利益　　　　　　　　　　　　　××
　　又は購買事業損失　　　　　　　　　（△××）
Ⅲ　金融事業費用
　1　転貸支払利息　　　　　　　　××
　2　金融費
　　(1) 担保設定料　　　　　　　××
　　(2) 配賦経費　　　　　　　　××
　　(3) 金融支払利息　　　　　　××
　　(4) 貸倒引当金繰入　　　　　××　　××
　3　金融事業利益　　　　　　　　　　　　　××
　　又は金融事業損失　　　　　　　　　（△××）
Ⅳ　生産・加工事業費用
　1　売上原価
　　(1) 期首棚卸高　　　　　　　××
　　(2) 当期製品製造原価　　　　××
　　(3) 期末棚卸高　　　　　　△××　×××
　2　生産・加工費
　　(1) 配賦経費　　　　　　　　××
　　(2) ○○○費　　　　　　　　××
　　(3) 貸倒引当金繰入　　　　　××　×××
　3　生産・加工事業利益　　　　　　　　　××
　　又は生産・加工事業損失　　　　　（△××）
Ⅴ　その他事業費用
　1　施設事業費　　　　　　　　　　　　　　××
　2　保管事業費　　　　　　　　　　　　　　××
　3　検査事業費　　　　　　　　　　　　　　××
　4　運送事業費　　　　　　　　　　　　　　××
　5　教育情報事業費　　　　　　　　　　　　××
　6　研究開発事業費　　　　　　　　　　　　××
　7　福利厚生事業費　　　　　　　　　　　　××
　8　○周年記念事業費　　　　　　　　　　　××
　9　貸倒引当金繰入　　　　　　　　　　　　××

（施設費、保管費、検査費、運送費、教
　育情報費、研究開発費、組合員福利厚
　生費、○周年記念事業費には、配賦経
　費の配賦を行わない方法を選択した。）

事業費用合計　　　　　　　　　　　　　　×××

事業総利益金額　　　　　　　　　　　×××
又は事業総損失金額　　　　　　　　（△×××）
```

```
　1　受取貸付利息　　　　　　　××
　2　受取貸付手数料　　　　　　××　×××
　3　その他金融収益
　　(1) 金融受取利息　　　　　　××
　　(2) ○○○収入　　　　　　　××　×××
　　　　計　　　　　　　　　　　　　　×××
Ⅳ　生産・加工事業収益
　1　売上高
　　(1) 外部売上高　　　　　　　××
　　(2) 組合員売上高　　　　　　××
　　(3) 受取手数料　　　　　　　××　×××
　2　その他生産・加工収益
　　(1) 生産・加工雑収入　　　　××
　　(2) ○○○収入　　　　　　　××　×××
　　　　計　　　　　　　　　　　　　　×××
Ⅴ　その他事業収益
　1　受取施設利用料　　　　　　　　　　　　××
　2　受取保管料　　　　　　　　　　　　　　××
　3　受取検査料　　　　　　　　　　　　　　××
　4　受取運送料　　　　　　　　　　　　　　××
　5　教育情報賦課金収入
　6　教育情報費用繰越金取崩
　7　仮受賦課金繰入・戻入
　8　福利厚生事業収入　　　　　　　　　　　××
　9　○周年記念事業積立金取崩　　　　　　　××
　　　　計　　　　　　　　　　　　　　×××
　　事業収益合計　　　　　　　　　　　×××

　　　　（二　賦課金等収入の部）
Ⅵ　賦課金等収入
　1　賦課金収入（平等割）　　　　　　　　　××
　2　賦課金収入（差等割）　　　　　　　　　××
　3　特別賦課金等収入　　　　　　　　　　　××
　4　参加料収入　　　　　　　　　　　　　　××
　5　負担金収入　　　　　　　　　　　　　　××
　　賦課金等収入合計　　　　　　　　　×××

　　　　（五　事業外収益の部）
Ⅶ　事業外収益
　1　受取利息　　　　　　　　　　　　　　　××
　2　受取外部出資配当金　　　　　　　　　　××
　3　為替差益　　　　　　　　　　　　　　　××
　4　協賛金収入　　　　　　　　　　　　　　××
　5　加入手数料収入　　　　　　　　　　　　××
　6　事業経費補助金収入　　　　　　　　　　××
　7　雑収入　　　　　　　　　　　　　　　　××
　　事業外収益合計　　　　　　　　　　×××
```

（四　一般管理費の部）
Ⅵ　一般管理費
1　人件費
　(1)　役員報酬　　　　　　××
　(2)　職員給料　　　　　　××
　(3)　福利厚生費（法定福利費、厚生費）
　　　　　　　　　　　　　××
　(4)　退職金、退職金共済掛金
　　　　　　　　　　　　　××
　(5)　退職給与引当金繰入
　　　　　　　　　　　　　××
　(6)　退職給与引当金戻入
　　　　　　　　　　　　△××
　(7)　役員退職金　　　　　××
　(8)　役員退職給与積立金取崩
　　　　　　　　　　　△××　　×××
2　業務費
　(1)　教育研究費、研究開発費、新聞図書費
　　　　　　　　　　　　　××
　(2)　旅費交通費、通信費
　　　　　　　　　　　　　××
　(3)　会議費（総会費、理事会費、部・委員会費、支部会議費）
　　　　　　　　　　　　　××
　(4)　消耗品費、事務用品費、印刷費、器具備品費　　　　　　××
　(5)　賃借料、支払家賃、支払保険料、水道光熱費、修繕費、車両費、コンピュータ関係費　　××　　×××
3　諸税負担金
　(1)　租税公課　　　　　　××
　(2)　消費税等　　　　　　××　　×××
4　事業費へ配賦
　(1)　販売費へ配賦　　　△××
　(2)　購買費へ配賦　　　△××
　(3)　金融費へ配賦　　　△××
　(4)　生産・加工費へ配賦　△××　△×××
　　　　一般管理費合計　　　　　×××

事業利益金額　　　　　　　　　×××
又は事業損失金額　　　　　（△×××）

（六　事業外費用の部）
Ⅶ　事業外費用
1　支払利息　　　　　　　　××
2　為替差損　　　　　　　　××
3　寄付金　　　　　　　　　××
4　創立費償却　　　　　　　××

（七　特別利益の部）
Ⅷ　特別利益
1　固定資産売却益　　　　　××
2　補助金収入　　　　　　　××
3　貸倒引当金戻入　　　　　××
4　未払法人税等戻入　　　　××
5　前期損益修正益　　　　　××
6　特別積立金取崩　　　　　××
7　その他特別利益　　　　　××
　　特別利益合計　　　　　×××

5	繰延消費税等償却	××
6	貸倒引当金繰入	××
7	貸倒損失	××
8	雑損失	××
9	有価証券評価損	××
	事業外費用合計	×××

経常利益金額　　　　　　　　×××
又は経常損失金額　　　　　（△×××）

（八　特別損失の部）

Ⅷ　特別損失
1　固定資産売却損　　　　　　××
2　固定資産除却損　　　　　　××
3　固定資産圧縮損　　　　　　××
4　災害による損失　　　　　　××
5　前期損益修正損　　　　　　××
6　減損損失　　　　　　　　　××
7　その他特別損失　　　　　　××
特別損失合計　　　　　　　　×××

税引前当期純利益金額　　　　×××
又は税引前当期純損失金額　（△×××）
Ⅸ　税等
1　法人税等　　　　　　　　　××
2　法人税等調整額　　　　　　××
税等合計　　　　　　　　　　××

当期純利益金額　　　　　　　×××
又は当期純損失金額　　　　（△×××）

（作成上の留意事項）

（1）　この様式は、経済事業を中心とした組合の場合の標準様式で事業別損益を表示することを目的としたものであり、費用配賦表により算出した部門別配賦経費の合計金額を、部門費に計上し、部門別の事業利益又は事業損失を表示している。利用分量配当を実施する場合には、この様式によることが望ましい。

（2）　事業費と一般管理費を区分するに当たっては、事業費にはその事業を行うために要した直接経費を計上する。事業費と一般管理費との区分が明確でない費用や共通的な費用は、一定の基準を策定して可能な範囲で按分計上することが望ましい。按分することが困難な場合は、一般管理費に含めて処理しても差し支えない。

（3）　教育情報事業賦課金の仮受経理をするためには、①教育情報事業に充てるための賦課金として賦課の際に他の賦課金と区別して徴収しており、かつ、②その教育情報事業が事業計画どおりに進捗せずに翌事業年度に繰り越されたため残額が生じたという条件に該当する場合に限り、当該残額を仮受賦課金として処理することができる。

（4）　総額主義で表示するのが原則であるが、例えば懇親会費などで組合負担額のみを予算に計上しているときには、次の様式で費用の部に示すことができる。

　　　　懇親会費
　　　　　　懇親会費用　　　　　　150,000 円
　　　　　　懇親会参加料　　△　　50,000 円

第3章 事業報告書と決算関係書類

　　　　　懇親会雑収入　　△　10,000 円　　　90,000 円
　(5) 法人税等調整額は、税効果会計の適用により計上される当該事業年度にかかる法人税、住民税及び事業税の調整額を処理する。
　(6) 本様式は勘定式であるが、報告式によることができる。

3　費用配賦表様式例
① 費用配賦表様式例 1

費　用　配　賦　表

平成　　年　　月　　日から
平成　　年　　月　　日まで

科　目	金　額	配賦基準	一般管理費		共同生産事業		共同購買事業		共同金融事業		教育情報事業		○○事業	
			配賦率	金　額	配賦率	金　額	配賦率	金　額	配賦率	金　額	配賦率	金　額	配賦率	金　額
			％	円	％	円	％	円	％	円	％	円	％	円
役員報酬	×××	執務時間割合	××	×××	××	×××	××	×××	××	×××	××	×××	××	×××
職員給料	×××	同　上	××	×××	××	×××	××	×××	××	×××	××	×××	××	×××
賞与	×××	同　上	××	×××	××	×××	××	×××	××	×××	××	×××	××	×××
雑給	×××	同　上	××	×××	××	×××	××	×××	××	×××	××	×××	××	×××
退職給与引当金繰入	×××	同　上	××	×××	××	×××	××	×××	××	×××	××	×××	××	×××
退職給与引当金戻入	△×××	○○○	××	△×××	××	△×××	××	△×××	××	△×××	××	△×××	××	△×××
福利厚生費	×××	給料に比例	××	×××	××	×××	××	×××	××	×××	××	×××	××	×××
退職給与	×××	○○○	××	×××	××	×××	××	×××	××	×××	××	×××	××	×××
○○○○	×××	○○○	××	×××	××	×××	××	×××	××	×××	××	×××	××	×××
○○○○	×××	○○○	××	×××	××	×××	××	×××	××	×××	××	×××	××	×××
合　計	××××			×××		×××		×××		×××		×××		×××

② 費用配賦表様式例 2

費　用　配　賦　表

平成　　年　　月　　日から
平成　　年　　月　　日まで

科　目	金　額	配賦基準	共同生産事業		共同購買事業		共同金融事業		教育情報事業		○○事業	
			配賦率	金　額	配賦率	金　額	配賦率	金　額	配賦率	金　額	配賦率	金　額
			％	円	％	円	％	円	％	円	％	円
役員報酬	×××	執務時間割合	××	×××	××	×××	××	×××	××	×××	××	×××
職員給料	×××	同　上	××	×××	××	×××	××	×××	××	×××	××	×××
雑給	×××	同　上	××	×××	××	×××	××	×××	××	×××	××	×××
退職給与引当金繰入	×××	同　上	××	×××	××	×××	××	×××	××	×××	××	×××
退職給与引当金戻入	△×××	○○○	××	△×××	××	△×××	××	△×××	××	△×××	××	△×××
福利厚生費	×××	給料に比例	××	×××	××	×××	××	×××	××	×××	××	×××
退職給与	×××	○○○	××	×××	××	×××	××	×××	××	×××	××	×××
○○○○	×××	○○○	××	×××	××	×××	××	×××	××	×××	××	×××
○○○○	×××	○○○	××	×××	××	×××	××	×××	××	×××	××	×××
合　計	××××			×××		×××		×××		×××		×××

(作成上の留意事項)
　(1) 配賦基準は、人件費については実際担当者給与額、執務時間割合、平均賃率作業時間等によ

り借地借家料は使用面積により、水道、電気、ガス代等は使用量により、事務消耗品等に関連する費用は人員割合又は執務時間割合により設定する方法があるが、組合の実態に即した合理的で妥当なものを選定する。
(2) 費用配賦の簡便法として、間接的な経費の総額を事業別の売上高などを基準として配布することもできる。
(3) 各科目の事業別合計額を一括して配賦事業費用として損益計算書に表示することもできる。

4　製造原価報告書様式例

製　造　原　価　報　告　書
自　平成　　年　　月　　日
至　平成　　年　　月　　日

　　　　　　　　　　　　　　　　　　　　　　　　　　　　　　　　　　　　　円
Ⅰ　原（材）料費
　(1)　原（材）料費
　　　　期首棚卸高　　　　　　　××
　　　　当期仕入高　　　　　　　××
　　　　　　計　　　　　　　　×××
　　　　期末棚卸高　　　　　　△××　　　　　×××
Ⅱ　外注費　　　　　　　　　　　　　　　　　×××
Ⅲ　労務費
　(1)　賃　　金　　　　　　　　××
　(2)　給料手当　　　　　　　　××
　(3)　賞　　与　　　　　　　　××
　(4)　雑　　給　　　　　　　　××
　(5)　退職給与引当金繰入　　　××
　(6)　福利厚生費　　　　　　　××
　(7)　退職給付費用　　　　　　××　　　　　×××
Ⅳ　経費
　(1)　工場消耗品費　　　　　　××
　(2)　不動産賃借料　　　　　　××
　(3)　機械装置賃借料　　　　　××
　(4)　電力料　　　　　　　　　××
　(5)　燃料費　　　　　　　　　××
　(6)　水道料　　　　　　　　　××
　(7)　交際費　　　　　　　　　××
　(8)　旅費交通費　　　　　　　××
　(9)　通信費　　　　　　　　　××
　(10)　修繕費　　　　　　　　　××
　(11)　支払保険料　　　　　　　××
　(12)　租税公課　　　　　　　　××
　(13)　減価償却費　　　　　　　××
　(14)　雑　　費　　　　　　　　××　　　　　×××
　　　　当期総製造費用　　　　　　　　　　××××
　　　　期首仕掛品棚卸高　　　　　　　　　　××
　　　　　　計　　　　　　　　　　　　　××××
　　　　期末仕掛品棚卸高　　　　　　　　　△××
　　　　当期製品製造原価　　　　　　　　××××

(作成上の留意事項)
(1) 加工又は工事原価の場合は、製造を加工又は工事と書き換えること。
(2) 原料の場合は、原料とし、材料の場合は材料費とすること。
(3) 外注費は買入部品費に類似するものは材料費の区分に含め、外注加工費の場合は経費に含めることができる。
(4) 事業規模と内容により事業費については、直接的な科目を使用し、他の事業と共通的な事業費については、一般管理費に含めてもよい。
(5) 製造、加工、工事等の事業費は、製造原価以外の事業費もあるので、事業別損益計算形式を採用する場合は、その事業の区分にこれら製造原価内容を記載し、製造原価報告書の作成にかえることができる。
(6) 建設業に関しては「建設業法施行規則別記様式第15号及び第16号の国土交通大臣の定める勘定科目の分類を定める件（昭和57年建設省告示1660号、最終改正平成」20年1月31日国土交通省告示第87号）により、別途「完成工事原価報告書」の作成とその基準が定められているので留意すること。

第5節　剰余金処分案又は損失処理案

　組合会計における剰余金の処分には、法定されているものとしては中協法第58条第1項の準備金と第58条第4項の繰越金の積立てがあり、それぞれ当期純利益金額（繰越損失がある場合にはこれを控除した額）を基準にして10分の1以上（共済事業を実施している場合は5分の1以上）を利益準備金として、20分の1以上を教育情報費用繰越金として積み立てることが義務付けられている。
　この積立ては、当期純利益金額（繰越損失を控除した額）が、少額であっても積み立てなければならない。
　利益準備金は、定款で定める額に達するまでは積み立てなければならず（中協法第58条第1項）、損失のてん補に充てる以外には取り崩すことができない（同条第3項）。また、定款で定める額は、出資総額の2分の1（共済事業を実施している場合は出資総額）を下回ってはならないとされている（同条第2項）。
　教育情報費用繰越金は、組合員の事業に関する経営及び技術の改善向上又は組合事業に関する知識の普及を図るための教育及び情報の提供に関する事業のために積み立てる繰越金であり、教育情報事業の実施に際して取り崩して使用することとされている。
　法定外の処分としては、特別積立金がある。特別積立金は、定款規定により当期純利益金額（繰越損失がある場合にはこれを控除した額）の10分の1以上を損失のてん補に充てるために積み立てるものであるが、定款規定に特別積立金が出資総額に相当する金額を超える部分について総会の議決により損失てん補以外の支出に充てる旨を定めている場合

は、支出目的に従い取り崩して使用することができる。教育情報費用繰越金、費用に充てるための取崩が可能な特別積立金（例えば、定款参考例に規定する特別積立金は出資総額を超える部分について総会議決により損失のてん補以外の支出に充てることができる）、費用に充てることを積立ての目的とする任意積立金の目的に沿った取崩は損益計算書に表示される。したがって、剰余金処分案の積立金取崩に表示される積立金は、出資配当に充てるために取り崩す特別積立金がある場合や他の目的に変更する任意積立金の取崩などが該当すると考えられる。

その他の任意積立金は、総会の議決により積み立て、その積立ての目的に従い、取り崩すことができる。

損失の処理は、定款に損失金のてん補のための取崩の順序を定めているので、その順序に従い取崩を行う。

1　中協法規則における剰余金処分案又は損失処理案に関する規定

(通則)
第106条　法第40条第2項の規定により各事業年度ごとに組合が作成すべき剰余金処分案又は損失処理案については、この款の定めるところによる。
2　当期未処分損益金額と組合積立金の取崩額の合計額が零を超える場合であってかつ、剰余金の処分がある場合には、次条の規定により剰余金処分案を作成しなければならない。
3　前項以外の場合には、第108条の規定により損失処理案を作成しなければならない。
(剰余金処分案の区分)
第107条　剰余金処分案は、次に掲げる項目に区分して表示しなければならない。
　一　当期未処分剰余金又は当期未処理損失金
　二　組合積立金取崩額（一定の目的のために設定した組合積立金について当該目的にしたがって取り崩した額を除く。以下同じ）。
　三　剰余金処分額
　四　次期繰越剰余金
2　前項第1号の当期未処分剰余金又は当期未処理損失金は、次に掲げる項目に区分しなければならない。
　一　当期純利益金額又は当期純損失金額
　二　前期繰越剰余金又は前期繰越損失金
3　第1項第2号の組合積立金取崩額は、当該積立金の名称を付した項目に細分しなければならない。
4　第1項第3号の剰余金処分額は、次に掲げる項目に区分しなければならない。
　一　利益準備金
　二　組合積立金
　三　教育情報費用繰越金
　四　出資配当金（法第59条第2項及び第3項に規定する払込済み出資の額に応じなされる配当金をいう）。
　五　利用分量配当金
5　前項第2号の組合積立金は、当該積立金の名称を付した項目に細分しなければならない。

第3章　事業報告書と決算関係書類

> 6　第4項第5号の利用分量配当金は、組合が2以上の異なる種類の配当を行う場合には、当該配当の名称を示した項目に細分しなければならない。
> （損失処理案の区分）
> 第108条　損失処理案は、次に掲げる項目に区分して表示しなければならない。
> 　一　当期未処理損失金
> 　二　損失てん補取崩額
> 　三　次期繰越損失金
> 2　前項第1号の当期未処理損失金は、次に掲げる項目に区分しなければならない。
> 　一　当期純損失金額又は当期純利益金額
> 　二　前期繰越損失金又は前期繰越剰余金
> 3　第1項第2号の損失てん補取崩額は、次に掲げる項目に区分しなければならない。
> 　一　組合積立金取崩額
> 　二　利益準備金取崩額
> 　三　資本剰余金取崩額
> 4　前項第1号の組合積立金取崩額は、当該積立金の名称を付した項目に細分しなければならない。

　剰余金処分案を作成しなければならないのは、「当期未処分損益金額と組合積立金の取崩額の合計額が零を超える場合であってかつ、剰余金の処分がある場合」とされている。

　このことから、当期未処分損益金額が未処分利益でない場合であっても、組合積立金の取崩を行った結果、これを合計した金額がプラスである場合であって、剰余金の処分がある場合には剰余金処分案を作成しなければならない。なお「当期未処分損益金額と組合積立金の取崩額の合計額が零を超える場合であってかつ、剰余金の処分がある場合」には「組合積立金の取崩を行わない場合」や「剰余金処分を行わない場合（次期に繰り越す場合」も含まれるものと解釈される。これ以外の場合には、損失処理案を作成しなければならない。

　剰余金処分案は当期未処分剰余金（又は当期未処理損失金）、組合積立金取崩額、剰余金処分額及び次期繰越剰余金に区分するとともに、当期未処分剰余金（又は当期未処理損失金）は当期純利益金額（又は当期純損失金額）と前期繰越剰余金（又は前期繰越損失金）に区分しなければならない。

　損失処理案は当期未処理損失金、損失てん補取崩額及び次期繰越損失金に区分し、さらに当期未処理損失金は当期純損失金額（又は当期純利益金額）と前期繰越損失金（又は前期繰越剰余金）に区分しなければならない。

　また、損失処理案に記載する損失てん補取崩額は組合積立金取崩額、利益準備金取崩額、資本剰余金取崩額に区分しなければならないとされている。

2 剰余金処分案様式例

剰 余 金 処 分 案
自 平成　年　月　日
至 平成　年　月　日

円

Ⅰ 当期未処分剰余金（又は当期未処理損失金）
　1 当期純利益金額　　　　　　　　　　　××
　　（又は当期純損失金額）　　　　　　（△××）
　2 前期繰越剰余金　　　　　　　　　　　××
　　（又は前期繰越損失金）　　　　　　（△××）
　3 過年度税効果調整額　　　　　　　　　××　　×××

Ⅱ 組合積立金取崩額
　1 特別積立金取崩額　　　　　　　　　　××　　×××

Ⅲ 剰余金処分額
　1 利益準備金　　　　　　　　　　　　　××
　2 教育情報費用繰越金　　　　　　　　　××
　3 組合積立金
　　　特別積立金　　　　　　××
　　　○○周年記念事業積立金　××
　　　役員退職給与積立金　　　××　　×××
　4 出資配当金　　　　　　　　　　　　　××
　5 利用分量配当金
　　　共同購買事業配当金　　　××
　　　○○事業配当金　　　　　××　　×××　　×××

Ⅳ 次期繰越剰余金　　　　　　　　　　　　　　　×××

（作成上の留意事項）
(1) 利益準備金、教育情報費用繰越金、組合積立金のうちの特別積立金は、当期純利益金額（繰越損失がある場合にはこれをてん補した後の金額）をもとに計上すること。
(2) 出資配当及び利用分量配当は上記処分を行った後に行うこと。
(3) 出資商工組合、企業組合、協業組合は、教育情報費用繰越金の処分はない。
(4) 脱退者への中協法第20条による持分払戻しがあるときは、別に、脱退者持分払戻計算書を作成する。
(5) 税効果会計を適用する最初の事業年度において、過年度に発生した一時差異等（繰延税金資産と繰延税金負債の差額）を処理する場合には、過年度税効果調整額として、当期未処分剰余金に表示する。

3 損失処理案様式例

損 失 処 理 案
自 平成　年　月　日
至 平成　年　月　日

円

Ⅰ 当期未処理損失金
　1 当期純損失金額（又は当期純利益金額）　××

```
        2  前期繰越損失金（又は前期繰越剰余金）    ××        ×××

  Ⅱ  損失てん補取崩額
    1  組合積立金取崩額
         特別積立金取崩額              ××
         ○○周年記念事業積立金取崩額    ××
         役員退職給与積立金取崩額       ××    ××
    2  利益準備金取崩額                       ××
    3  資本剰余金取崩額                       ××       ×××

  Ⅲ  次期繰越損失金                                    ××
```

（作成上の留意事項）

(1) 中協法第56条による出資１口の金額の減少を行い生じた出資金減少差益（事業協同組合定款参考例第57条の減資差益）及び、持分計算の結果出資金に満たない額を払い戻したときに生じる出資金減少差益（同定款参考例第14条の減資差益）を、損失てん補に充てるときは、資本剰余金取崩額に表示する。なお、資本剰余金取崩額は、資本準備金項目である加入金、増口金及びその他資本剰余金項目である出資金減少差益、その他の資本剰余金項目に区分して表示することができる。

(2) 当期未処理損失額が少なく、次期以降の利益で、てん補できる見込みのときは、次期以降へ繰越損失金として繰り越しても差し支えない。

第６節　脱退者持分払戻計算書

　組合員が脱退する場合には、定款の規定に基づき組合に対する持分の全部又は一部の払戻しを請求することができる（中協法第20条第１項）とされ、その払戻しの対象となる持分は事業年度末の組合財産によって決定する（中協法第20条第２項）こととされている。この組合財産は判例により時価評価すべきとされていることから、組合は年度末時点での脱退者の持分を算定し具体的な持分額を決定する必要がある。

　脱退者の持分計算について中協法規則には特段の規定はないが、この計算様式例としては次の様式が妥当である。

１　脱退者持分払戻計算書様式例

```
              脱 退 者 持 分 払 戻 計 算 書
                   平 成   年   月   日
                                               円
   Ⅰ  払戻持分の対象になる金額
     1  貸借対照表の出資金の部分          A
          〃    の資本剰余金の部分        B
          〃    の利益準備金の部分        C
```

　　　　〃　　　　の組合積立金の部分　　　　　D
　　　　　　（教育情報費用繰越金を含む）
　　　　〃　　　　の当期未処分剰余金　　　　　E
　　2　剰余金処分による流出　　　　　　　　　F
　　　　　　（出資・利用分量配当等）
　　3　未払持分に振り替えた脱退者の出資金　　A
　　4　土地評価益　　　　　　　　　　　　　　G
　　5　土地評価益に対する繰延税金負債　　　　H
　　　払戻持分対象金額合計　　　　　A＋B＋C＋D＋E－F＋G－H
Ⅱ　払戻持分1口の金額
　　1　対象出資口数（期末出資口数＋脱退者出資口数）
　　2　1口の金額（払戻持分対象金額合計÷対象出資口数）
Ⅲ　払戻持分1口の金額の内訳
　　1　出資金の部分　　　　a
　　2　資本剰余金の部分　　b
　　3　利益剰余金の部分　　c＋d＋e－f＋g－h
　　4　みなし配当源泉税（利益剰余金の部分×20％）
　　1口当たりの払戻額計
Ⅳ　脱退者持分払戻額
Ⅴ　会計処理の方針
　　1　出資金の部分は、出資金勘定の減少で処理する。（規定なし）
　　2　資本剰余金の部分は、資本準備金又はその他資本剰余金勘定からの減少で処理する。（規定なし）
　　3　利益剰余金の部分は、利益剰余金の中の勘定科目からの減少で処理する。（規定なし）
　　4　出資金額より少ない額を払い戻した特に生じる差額は、出資金減少差益として処理する。（規定なし）
　　5　土地評価益を加算して算出した持分払戻額のうち、出資金の部分を超える額が、純資産中の資本剰余金、利益剰余金の合計額を超える場合に生じる差額は、脱退者持分払戻勘定で処理する。

（作成上の留意事項）
（1）　この様式は改算式持分計算法による持分全部を払い戻す定款規定の場合であるから、簿価財産限度の払戻しの定款規定の場合は、土地評価益の額及び土地評価益に対する繰延税金負債の額を除いて算出する。
（2）　土地評価減の場合は、評価減の額を控除して算出する。
（3）　出資額限度持分払戻しの定款規定の場合は、この計算書で算出した持分額が、出資金額より多いときは出資金額の払戻しを行い、出資金額より少ないときは、その出資金額より少ない持分額を払い戻す。

第7節　連結決算関係書類

　組合が子会社として運送会社等を有している場合、組合の決算書だけをみると健全な業績を上げているようにみえても、子会社の業績が赤字状態にあり、また借入金に対して組合が債務保証していると、子会社が倒産した場合、組合にも支払義務が生じ、組合自身の

経営も悪化する。つまり、経営の実態を適正に把握するためには、組合と子会社を合算して財政状態や経営成績を表す決算書を作成、開示しなければならないことがわかる。

一般企業では、企業集団の抱えるリスクとリターンを明確に判断するための情報ニーズが不可欠となり、既に個別企業ベースの財務諸表に代わって、連結財務諸表が主たる財務諸表になっている。組合においても平成19年に施行された中協法規則によって、子会社（中協法規則では子法人と関連会社）を有する共済事業を実施する組合の場合は連結決算書の作成が義務付けられるとともに、組合本体だけでなく子会社も監事の会計監査、業務監査の対象とされるようになった。

1　連結決算書

連結決算書とは、支配従属関係にある2つ以上の会社からなる企業集団を単一組織体としてみなして、組合が当該集団の財政状態及び経営成績を総合的に報告するための決算書である。

中協法規則では、連結貸借対照表、連結損益計算書の2つの書類の作成が規定されているのみであるが、純資産の変動を明確に表すためには、会社法と同様に、「連結組合員資本等変動計算書」を作成することが必要であると考えられる。

2　連結の範囲

連結の対象とする連結子会社は原則として次のとおりである。
① 議決権の過半数を自己の計算において所有している子会社
② 議決権40％以上50％以下で支配力を有する子会社
③ 議決権40％未満であっても一定の要件をもち支配力を有する子会社
　（支配力を有するとは、他の会社の意思決定機関を支配する力を有していることをいい、取引・役員派遣・資金援助などで、他の会社を実質支配していることをいう。）

なお、純資産・売上高・利益剰余金について、すべて、3％～5％を下回る場合は、重要性が乏しいと判断し、通常、連結の範囲に含めないことになっている。

また、連結子会社ではなくても、
① 議決権の20％以上を実質的に所有している場合
② 議決権の20％未満しか保有していなくても、一定の議決権を保有しており、か

つ、財務及び営業の方針決定に対して重要な影響を与える一定の事実がある場合

その会社は関連会社として、持分法を適用して連結決算の対象に含められる。

ただし、組合の傘下にあるのが関連会社だけの場合には、連結決算をする必要はない。

3　会計処理の統一

同一環境下で行われた同一の性質の取引等については、組合と連結子会社の会計処理は原則として統一しなければならない。

特別の根拠がない限り、統一すべき会計処理は、次のとおりである。

　　棚卸資産の評価基準

　　有価証券の評価基準

　　営業収益の計上基準

なお、決算日の差異が3か月を超えない場合は、連結子会社の正規の決算を基礎として、その間の重要な取引について必要な調整を行うことにより連結することができる。

4　作成の手順

連結財務諸表の作成過程は、組合を中心として企業グループを把握するために、その企業グループ内の損益取引と貸借関係を相殺した財政状態と経営成績を示すものである。この連結決算書の作成の一連の手続を一覧表にまとめたものが、連結精算表である。（事例参照）

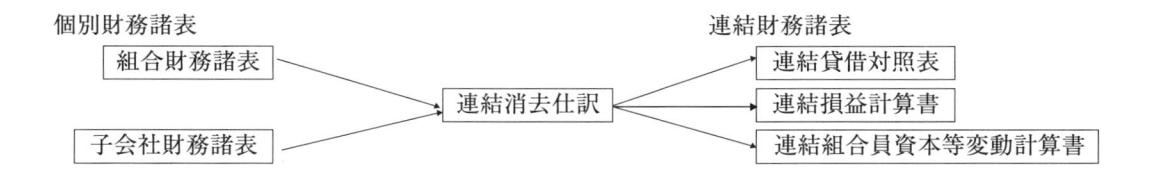

```
個別財務諸表                          連結財務諸表
 ┌──────────┐                        ┌──────────┐
 │ 組合財務諸表 │─┐              ┌─→│ 連結貸借対照表 │
 └──────────┘  │  ┌──────────┐  │   └──────────┘
                 ├─→│連結消去仕訳│─┼─→│連結損益計算書│
 ┌──────────┐  │  └──────────┘  │   └──────────┘
 │子会社財務諸表│─┘              └─→│連結組合員資本等変動計算書│
 └──────────┘                         └──────────┘
```

具体的には、次のような消去作業を行う。

①　投資と子会社資本との相殺消去

　　組合の子会社に対する投資とこれに対応する子会社の資本を相殺消去する。相殺消去において、差額が生ずる場合は、その差額は、「のれん」（資産もしくは負債に計上される）として計上し、20年以内に定額法等の合理的な方法により償却され

② 子会社当期純利益の少数株主への按分
　子会社の当期純利益に対する少数株主の持分相当額を連結利益合計から控除し貸借対照表上の少数株主持分額を増加させる。
③ 利益処分の振替え
　子会社が行った配当のうち少数株主へ配当された分を、少数持分額から控除する。利益準備金繰入額のうち、少数株主分はグループの利益準備金でないので控除する。
④ 受取配当金の相殺
　子会社から受け取った配当金は、グループ内の資金の移動に過ぎないので、相殺する。
⑤ 損益と債権・債務の相殺
　組合と連結会社間の売上、仕入等の取引及び取引によって取得した棚卸資産、固定資産その他の資産に含まれる未実現損益の金額を消去する。また、売掛金と買掛金といった債権・債務を消去する。
⑥ タイムラグの消去
　決算日が異なる場合、重要取引について、必要な調整を行う。

5　連結決算書の注記事項

　中協法規則では特段記載することが求められていないが、連結決算書を理解するために、必要なさまざまな補足情報を財務諸表に注記するべきであると考えられる。
① 連結の範囲に関する事項
　連結子会社等の数、主要な連結子会社の名称、主要な非連結子会社の名称と連結から除いた理由、組合が議決権の過半数を所有している会社を子会社としなかったときは当該会社の名称とその理由
② 決算日の差異
　子会社の決算日が連結決算日と異なるときは、当該決算日を注記する。また、当該子会社について連結のために特に行った決算手続の概要
③ 会計処理基準に関する事項
　重要な会計方針及び、重要な会計方針の変更

例えば、重要な資産の評価基準や減価償却の方法などや、子会社の会計処理の原則及び手続で組合と異なるものがある場合の概要などが考えられる。

連結精算表と連結決算書

貸 借 対 照 表
平成○年○月○日

資産	P協同組合	S社	負債・純資産	P協同組合	S社
現預金	56,000	30,000	買掛金	27,500	0
売掛金	38,500	0	未払金	8,500	2,900
未収金	800	9,700	預り金	600	200
商品	19,600	0	長期借入金	20,000	15,000
建物付属設備	7,500	2,400	退職給付引当金	8,000	3,000
什器備品	8,600	1,600	出資金	30,000	10,000
電話加入権	1,000	300	資本準備金	2,000	0
子会社出資	8,000	0	利益準備金	8,000	1,500
差入保証金	10,000	6,000	その他の利益剰余金	45,400	17,400
合計	150,000	50,000	合計	150,000	50,000

損 益 計 算 書
自平成○年○月○日至平成○年○月○日

費用	P協同組合	S社	収益	P協同組合	S社
売上原価	354,400	42,000	売上高	427,000	60,000
給与	40,000	9,000	受取配当金	400	0
経費	30,000	8,000	雑収入	2,000	0
法人税等充当額	1,500	300			
当期純利益	3,500	700			
合計	429,400	60,000	合計	429,400	60,000

剰余金処分計算書
自平成○年○月○日 至平成○年○月○日

	P協同組合	S社		P協同組合	S社
利益準備金	200	40	当期純利益	4,000	800
教育情報費用繰越金	500	0	前期繰越利益	1,000	200
組合積立金	2,400	300			
出資配当金	1,000	500			

第3章　事業報告書と決算関係書類

	P協同組合	S社		P協同組合	S社
次期繰越剰余金	900	160			
合計	5,000	1,000	合計	5,000	1,000

1．P協同組合の前期剰余金処分案が総会承認後であるため、剰余金処分計算書とした。
2．P協同組合は、S社の設立に対して、出資金の80％を出資した。
　S社の株主構成はその後変化はない
3．今期のP協同組合とS社の取引関係は次のとおり。
　① P協同組合は、S社に人材を出向しており、その対価としてS社より年間2,000の経営指導料（雑収入として計上）を受けている。
　② P協同組合はS社に対して、150の債権（未収金）がある。
　　S社は、P協同組合に対して150の債務（未払金）がある。
　③ P協同組合は、S社より400の配当金を受けている。

連　結　精　算　表

B／S	P協同組合	S社	小計	投資と出資金の相殺	子会社利益の少数株主持分への振替	利益処分の振替	配当金の相殺	取引・債権債務の相殺	合計
現預金	56,000	30,000	86,000						86,000
売掛金	38,500	0	38,500						38,500
未収金	800	9,700	10,500					(150)	10,350
商品	19,600	0	19,600						19,600
建物付属設備	7,500	2,400	9,900						9,900
什器備品	8,600	1,600	10,200						10,200
電話加入権	1,000	300	1,300						1,300
出資金	8,000	0	8,000	(8,000)					0
差入保証金	10,000	6,000	16,000						16,000
資産合計	150,000	50,000	200,000						191,850
買掛金	(27,500)	0	(27,500)						(27,500)
未払金	(8,500)	(2,900)	(11,400)					150	(11,250)
預り金	(600)	(200)	(800)						(800)
長期借入金	(20,000)	(15,000)	(35,000)						(35,000)
退職給付引当金	(8,000)	(3,000)	(11,000)						(11,000)
出資金	(30,000)	(10,000)	(40,000)	10,000					(30,000)
資本準備金	(2,000)	0	(2,000)						(2,000)
利益準備金	(8,000)	(1,500)	(9,500)	292		8			(9,200)
その他の利益剰余金	(45,400)	(17,400)	(62,800)	3,448	140	(108)			(59,320)
少数株主持分				(5,740)	(140)	100			(5,780)
負債・純資産合計	(150,000)	(50,000)	(200,000)						(191,850)
P／L									
売上高	(427,000)	(60,000)	(487,000)						(487,000)
受取配当金	(400)	0	(400)				400		0
雑収入	(2,000)	0	(2,000)					2,000	0
貸方合計	(429,400)	(60,000)	(489,400)						(487,000)
売上原価	354,400	42,000	396,400						396,400
給与	40,000	9,000	49,000						49,000
経費	30,000	8,000	38,000					(2,000)	36,000

法人税等充当額	1,500	300	1,800					1,800
少数株主損益			0	140				140
当期純利益	3,500	700	4,200	(140)		(400)		3,660
借方合計	429,400	60,000	489,400					487,000
組合員資本等変動計算書								
出資金前期末残高	(30,000)	(10,000)	(40,000)	10,000				(30,000)
出資金当期末残高	(30,000)	(10,000)	(40,000)	10,000				(30,000)
資本剰余金前期末残高	(2,000)	0	(2,000)	0				(2,000)
資本剰余金当期末残高	(2,000)	0	(2,000)	0				(2,000)
利益剰余金前期末残高	(50,900)	(18,700)	(69,600)	3,740				(65,860)
剰余金の配当	1,000	500	1,500			(100)	(400)	1,000
当期純利益	(3,500)	(700)	(4,200)		140		400	(3,660)
利益剰余金当期末残高	(53,400)	(18,900)	(72,300)	3,740	140	(100)		(68,520)
少数株主持分前期末残高				(5,740)				(5,740)
少数株主持分当期変動額					(140)	100		(40)
少数株主持分当期末残高				(5,740)	(140)	100		(5,780)

連結貸借対照表

平成○年○月○日

科目	金額	科目	金額
資産の部		負債の部	
Ⅰ 流動資産	(154,450)	Ⅰ 流動負債	(39,550)
現預金	86,000	買掛金	27,500
売掛金	38,500	未払金	11,250
未収金	10,350	預り金	800
商品	19,600	Ⅱ 固定負債	(46,000)
Ⅱ 固定資産		長期借入金	35,000
有形固定資産	(20,100)	退職給付引当金	11,000
建物付属設備	9,900		
什器備品	10,200	負債合計	85,550
無形固定資産	(1,300)	純資産の部	
電話加入権	1,300	Ⅰ 出資金	(100,520)
外部出資その他の資産	(16,000)	出資金	30,000
差入保証金	16,000	資本剰余金	2,000
		利益剰余金	68,520
		Ⅱ 少数株主持分	5,780
		純資産合計	106,300
資産合計	191,850	負債・純資産合計	191,850

連結損益計算書
自平成○年○月○日至平成○年○月○日

売上高	487,000
売上原価	396,400
売上総利益金額	90,600
販管費及び一般管理費	85,000
経常利益金額	5,600
法人税等充当金額	1,800
少数株主利益	140
当期純利益金額	3,660

組合員資本等変動計算書
自平成○年○月○日　至平成○年○月○日

	出資金	資本剰余金	利益剰余金	少数株主持分	純資産合計
前期末残高	30,000	2,000	65,860	5,740	103,600
当期変動額					
剰余金の配当			−1,000		−1,000
当期純利益			3,660		3,660
株主資本以外の項目の当期変動額				40	40
当期変動額合計	0	0	2,660	40	2,700
当期末残高	30,000	2,000	68,520	5,780	106,300

第8節　非出資商工組合の決算関係書類

　非出資商工組合の決算関係書類については、中小企業団体の組織に関する法律（以下「中団法」という。）第47条第2項により、中協法の規定が準用されていることから、事業協同組合等や出資商工組合と同様に中小企業団体の組織に関する法律施行規則（以下「中団法規則」という。）に基づき、事業報告書、財産目録、貸借対照表、損益計算書及び剰余金処分案又は損失処理案を作成しなければならないこととされている。

　しかし、中団法第43条第1項（定款）の括弧書により、非出資商工組合に対しては、剰

余金の処分及び損失の処理、準備金の額やその積立ての方法に関する事項を定款に記載することを強制していないことから、剰余金処分案又は損失処理案の中の具体的な処分や処理の内容は通常総会で任意に定めることが可能であると考えられる。

＜中団法＞

(準用)
第47条
2　組合の管理については、協同組合法第10条の2（組合員名簿）、第33条第4項から第8項まで（定款）、第34条の2から第36条の3まで、第36条の5から第40条まで、第41条から第55条まで（役員、総会、総代会等）、第57条の5（余裕金運用の制限）及び第57条の6（会計の原則）の規定を、出資組合の管理については、協同組合法第56条から第57条まで（出資一口の金額の減少）、第58条第1項から第3項まで（準備金及び繰越金）、第59条第1項及び第2項、第60条（剰余金の配当）並びに第61条（組合の持分取得の禁止）の規定を準用する。　　（以下略）

＜中協法＞

(決算関係書類等の提出、備置き及び閲覧等)
第40条
2　組合は、主務省令で定めるところにより、各事業年度に係る財産目録、貸借対照表、損益計算書、剰余金処分案又は損失処理案（以下「決算関係書類」という。）及び事業報告書を作成しなければならない。

＜中団法＞

(定款)
第43条　組合の定款には、次の事項（非出資組合にあつては、第7号、第9号及び第10号の事項を除く。）を記載し、又は記録しなければならない。
　一　事業
　二　名称
　三　地区
　四　事務所の所在地
　五　組合員たる資格に関する規定
　六　組合員の加入及び脱退に関する規定
　七　出資一口の金額及びその払込みの方法
　八　経費の分担に関する規定
　九　剰余金の処分及び損失の処理に関する規定
　十　準備金の額及びその積立の方法
　十一　役員の定数及びその選挙又は選任に関する規定
　十二　事業年度
　十三　公告方法　　　　（以下略）

(1)　**財産目録**

　　財産目録は、資産から負債を控除して、差引き正味財産を表示するものであるから、「出資金」のない非出資商工組合でも、第2節に示した財産目録の様式で差し支えな

い。中団法規則第21条により正味財産が正味資産に改められているが、それ以外の変更はない。

(2) **貸借対照表**

非出資商工組合には、組合員の持分を表わす資本の概念がないため、従来から資本の部を、正味財産の部として表示してきた。中団法規則第23条第1項第3号括弧書により、純資産の区分を「正味資産」の区分として表示することに定められた。

中団法規則第26条は純資産の部の区分を規定するものであり、非出資商工組合には適用されないことから、組合独自の区分を設定することが可能である。

したがって、会計基準では、正味資産の部の区分について、従来から規定している「基本金」、「積立金」、「剰余金」に区分している。

(3) **損益計算書**

中団法規則の損益計算書に関する規定には、特に非出資商工組合に限定した規定はないことから、事業協同組合や出資商工組合と同様の損益計算書の区分を採用しなければならない。

(4) **剰余金処分案**

剰余金処分案は、非出資商工組合に対しては、中団法第43条（定款）第1項中の括弧書により、定款に剰余金の処分や準備金の積立てに関する事項を規定することを要していないことから、通常総会において、組合の判断により正味資産の部に基本金、積立金の区分を設けて、任意に処分を決定することができる。この処分を行わない場合には、全額を次期へ繰越す旨を内容とする剰余金処分案を作成しなければならない。

(5) **損失処理案**

損失処理案についても、中団法第43条（定款）第1項中の括弧書により、損失の処理に関する事項を定款に規定することを要していないことから、特段、中団法規則に規定する処理方法（中団法規則の規定は出資商工組合等にて適用）に左右されることはなく、正味資産の部に総会決議による積立金や基本金がある場合には、総会においてこれらを取り崩す旨を記載した損失処理案を議決することによって損失てん補を行うことが可能である。これらの積立金や基本金が計上されていない場合やこれらをもって損失処理を行う旨の損失処理案の決議を行わない場合には、全額を次期に繰り越す旨を内容とする損失処理案を作成しなければならない。

第3章　事業報告書と決算関係書類

1　決算関係書類の様式

(1)　**財産目録様式例**

第2節に示した財産目録の様式と同様である。

(2)　**貸借対照表様式例**

貸　借　対　照　表
平成　　年　　月　　日

円（千円）

（一　資産の部）			（二　負債の部）		
Ⅰ　流動資産			Ⅰ　流動負債		
1　現金及び預金		××	1　未払金		××
2　未収金		××	2　預り金		××
3　前払費用		××	流動負債計		×××
4　その他短期資産		××			
流動資産計		×××	Ⅱ　固定負債		
			1　長期借入金		××
Ⅱ　固定資産			2　退職給与引当金		××
ⅰ　有形固定資産			固定負債計		×××
1　建物及び建物付属設備		××			
2　器具及び備品		××	負債合計		×××
有形固定資産計		×××			
ⅱ　無形固定資産			（三　正味資産の部）		
1　ソフトウエア		××	Ⅰ　正味資産		
2　電話加入権		××	1　基本金		××
無形固定資産計		×××	2　積立金		
ⅲ　外部出資その他の資産			(1)　〇〇積立金		××
1　差入保証金・敷金		××	(2)　〇〇積立金		××
2　退職給与引当資産		××	積立金計		×××
外部出資その他の資産計		×××	3　当期未処分剰余金又は当期未処理損失金		
			当期純利益金額		×××
固定資産計		×××	又は当期純損失金額		(△×××)
			前期繰越剰余金		×××
Ⅲ　繰延資産			又は前期繰越損失金		(△×××)
1　創立費		××	当期未処分剰余金		×××
繰延資産計		×××	又は当期未処理損失金計		(△×××)
資産合計		×××	正味資産合計		×××
			負債及び正味資産合計		×××

(3) 損益計算書様式例

損　益　計　算　書
自　平成　　年　　月　　日
至　平成　　年　　月　　日

円（千円）

（三　事業費用の部）		（一　事業収益の部）	
Ⅰ　指導教育事業費　　　　××		Ⅰ　指導教育事業収入	
Ⅱ　情報収集事業費　　　　××		1　分担金収入　　　　　　　××	
Ⅲ　調査研究事業費　　　　××		Ⅱ　調査研究事業収入	
Ⅳ　○○対策事業費　　　　××		1　受託料収入　　　　　　　××	
Ⅴ　広報事業費　　　　　　××		事業収益合計　　　　　×××	
事業費用合計　　　　×××			
		（二　賦課金等収入の部）	
事業総利益金額　　　　　　　××		Ⅲ　賦課金等収入	
又は事業総損失金額　　　（△××）		1　賦課金収入　　　　　　　××	
		2　参加料収入　　　　　　　××	
（四　一般管理費の部）		3　負担金収入　　　　　　　××	
Ⅵ　一般管理費		賦課金等収入合計　　　×××	
1　人件費　　　　　　　　××			
2　業務費　　　　　　　　××		（五　事業外収益の部）	
3　諸税負担金　　　　　　××		Ⅳ　事業外収益	
一般管理費合計　　　×××		1　受取利息　　　　　　　　××	
		2　協賛金収入　　　　　　　××	
事業利益金額　　　　　　　　××		3　事業経費補助金収入　　　××	
又は事業損失金額　　　　（△××）		事業外収益合計　　　　×××	
（六　事業外費用の部）		（七　特別利益の部）	
Ⅶ　事業外費用		Ⅴ　特別利益	
1　支払利息　　　　　　　　××		1　前期繰越金戻入　　　　　××	
2　創立費償却　　　　　　　××		特別利益合計　　　　　　××	
3　雑損失　　　　　　　　　××			
事業外費用合計　　　　×××			
経常利益金額　　　　　　　　××			
又は経常損失金額　　　　（△××）			
（八　特別損失の部）			
Ⅷ　特別損失			
特別損失合計　　　　　　××			
税引前当期純利益金額　　　　××			
又は税引前当期純損失金額（△××）			
Ⅸ　税等　　　　　　　　　　××			
当期純利益金額　　　　　　　××			

第3章　事業報告書と決算関係書類

又は当期純損失金額　　　　　　　　（△××）

（作成上の留意事項）
　前期繰越金戻入は、前期における剰余金処分において「次期予算への繰入」として予算措置をしていた場合にその金額を戻入れする。

(4)　**剰余金処分案様式例**

剰　余　金　処　分　案
自　平成　　年　　月　　日
至　平成　　年　　月　　日

円

　Ⅰ　当期未処分剰余金
　　　1　当期純利益金額　　　　　　　　　　××
　　　　　（又は当期純損失金額）　　　　（△××）
　　　2　前期繰越剰余金　　　　　　　　　　××
　　　　　（又は前期繰越損失金）　　　　（△××）　　×××

　Ⅱ　剰余金処分額
　　　1　基本金への振替額　　　　　　　　　××
　　　2　○○積立金への振替額　　　　　　　××
　　　3　次期予算への繰入　　　　　　　　　××　　　×××

　Ⅲ　次期繰越剰余金　　　　　　　　　　　　　　　　××

(5)　**損失処理案様式例**

損　失　処　理　案
自　平成　　年　　月　　日
至　平成　　年　　月　　日

　Ⅰ　当期未処理損失金
　　　1　当期純損失金額（又は当期純利益金額）　××
　　　2　前期繰越損失金（又は前期繰越剰余金）　××　　×××

　Ⅱ　損失てん補取崩額
　　　1　○○積立金取崩額　　　　　　　　　××
　　　2　基本金取崩額　　　　　　　　　　　××　　　×××

　Ⅲ　次期繰越損失金　　　　　　　　　　　　　　　　××

第3章　事業報告書と決算関係書類

第9節　注記表

1　本会計基準に規定する注記表

　中協法規則には、会社法の会社計算規則と異なり、注記（表）に関して規定されていないことから注記表の作成に代えて、各決算関係書類ごとに注記することができる（一般組合（会計監査人監査組合以外の組合）が注記すべき注記の記載例は各記載例に注記した）。

　これまで組合会計基準においては、決算関係書類に関する注記を次のように例示してきている。

＜財産目録に関する注記＞
　・時価による組合正味財産の価額
　　時価の計算方法として、土地の評価については固定資産税評価倍率方式、相続税評価倍率方式、不動産鑑定士による評価方式の中から選択適用する。
　・建物等の減価償却不足額の注記
　・職員の期末退職金要支給額に対する不足額の注記

＜貸借対照表に関する注記＞
　・保証債務、手形遡求債務、担保提供資産価額、有形固定資産減価償却累計額、圧縮記帳処理額の注記
　・棚卸資産期末評価方法、有形固定資産の減価償却方法、退職給与引当金の引当方法の注記
　・会計方針の変更が決算関係書類に与える影響の注記

2　会社計算規則に規定する注記表

　会社法の施行に伴い、会社計算規則により株式会社に義務付けられている注記表を参考に示すと次のとおりである。
⑴　会社計算規則第98条第1項中で、組合会計において参考になる注記としては、次のものがある。

① 継続企業の前提に関する注記（会社計算規則第100条）
　　② 重要な会計方針に係る事項（連結注記表にあっては、連結決算関係書類の作成のための基本となる重要な事項に関する注記）（同第101条）
　　③ 貸借対照表等に関する注記（同第103条）
　　④ 損益計算書に関する注記（同第104条）
　　⑤ 税効果会計に関する注記（同第107条）
　　⑥ リースにより使用する固定資産に関する注記（同第108条）
　　⑦ 関連当事者との取引に関する注記（同第112条）
　　⑧ 重要な後発事象に関する注記（同第114条）
　　⑨ その他の注記（同第116条）
　(2) 会社計算規則第98条第2項に、会計監査人監査設置会社以外会社については、個別注記表の一部省略ができることを規定しているので、すべての会社に注記を求めているのは、「重要な会計方針に関する事項」だけである。

3　会計監査人監査組合以外の組合に必要になると思われる注記
　(1) 重要な会計方針の注記
　　① 資産の評価基準及び評価方法
　　② 固定資産の減価償却の方法
　　③ 引当金の計上基準
　　④ 収益及び費用の計上基準
　　⑤ その他計算書類の作成のための基本となる重要事項
　(2) 会計方針の変更
　　① 会計処理の原則又は手続の変更
　　② 表示方法の変更
　(3) 連結計算書類の作成のための基本となる重要な事項に関する注記
　　① 連結の範囲に関する事項
　　　連結子会社等の数、主要な連結子会社の名称、主要な非連結子会社の名称と連結から除いた理由、組合が議決権の過半数を所有している会社を子会社としなかったとき当該会社の名称と子会社としなかった理由
　　② 会計処理基準に関する事項

第3章　事業報告書と決算関係書類

　　　　重要な会計方針及び、重要な会計方針の変更

4　会計監査人監査組合に必要になると思われる注記
(1) 継続組合の前提に関する注記
　① 継続組合の前提に重要な疑義を抱かせる事象又は状況が、存在する旨及びその内容
　② 継続組合の前提に関する重要な疑義の存在の有無
　③ 継続組合の前提に重要な疑義を抱かせる事象又は状況を解消又は大幅に改善するための理事の対応及び経営計画
　④ 重要な疑義の影響の計算書類（連結注記表にあっては、連結計算書類）への反映の有無
(2) 貸借対照表等に関する注記
　① 担保に供されている資産の内容及びその金額、担保に係る債務の金額
　② 資産に係る引当金を直接控除した場合の注記
　③ 資産に係る減価償却累計額を直接控除した場合の注記
　④ 資産に係る減損損失累計額を減価償却累計額に合算した場合の注記
　⑤ 保障債務、手形遡求債務、重要な係争事件に係る損害賠償義務等の内容及び金額の注記
　⑥ 子会社に対する金銭債権、金銭債務が区分して表示していないときの注記
　⑦ 役員に対する金銭債権、金銭債務の総和の注記
(3) 損益計算書に関する注記
　　子会社との事業取引高の総額と、事業取引以外の取引高の総額
(4) 税効果会計に関する注記
　　繰延税金資産及び繰延税金負債の発生の主な原因の注記
(5) リースにより使用する固定資産に関する注記
　　ファイナンス・リース取引の借主である組合が、固定資産についてのリース取引について通常の売買取引に準じて会計処理をしていない場合に、当該事業年度末においての取得原価相当額・減価償却累計額相当額・未経過リース料相当額等の注記
(6) 関連当事者との取引に関する注記
　① 関連当事者が会社等のときは、名称、組合が有する議決権の割合、組合の出資

総口数に占める関連当事者が有する出資口数の割合

② 関連当事者が個人のときは、氏名、組合の出資総口数に占める関連当事者が有する出資口数の割合

③ 開示内容は、以下の事項を関連当事者ごとに表示する。組合と関係当事者との関係、取引の内容、取引の種類別の取引金額、取引条件及び取引条件の決定方針、取引により発生した債権又は債務の主な項目別の事業年度末残高、取引条件の変更の内容及び変更が決算関係書類に与える影響の内容

④ 開示対象外となる取引は、一般競争入札による取引、預金利息配当金の受取りその他、取引の性質からみて取引条件が一般の取引と同様であることが明白な取引、役員に対する報酬等の給付、取引の条件に市場価格その他取引に係る公正な価格を勘案して一般の取引の条件と同様なものとしていることが明らかな取引とされている。

⑤ 関連当事者とは、組合の子会社、主要組合員（自己又は他人の名義で100分の10以上の出資を保有している組合員及びその近親者）、役員及びその近親者をいう。

(7) 重要な後発事象に関する注記

個別注記表における注記は、組合の事業年度末日以後に翌事業年度以降の財産又は損益に重要な影響を及ぼす事象が発生した場合のその事象とする。

連結注記表における注記は、組合の事業年度末日以後に連結組合の翌事業年度以降の財産又は損益に重要な影響を及ぼす事象が発生した場合のその事象とする。ただし組合の事業年度末日と異なる日を事業年度末日とする子会社は、子会社の事業年度末日後に発生した事象とする。

(8) その他の注記

貸借対照表等及び損益計算書等により組合（連結注記表にあっては集団）の財産又は損益の状態を正確に判断するために必要な事項

5　時価会計による持分払戻対象正味財産の表示

時価会計による持分払戻対象正味財産の表示については、財産目録に注記する。

第3章　事業報告書と決算関係書類

第10節　事業報告書、決算関係書類の提出と監査

　組合は、事業年度終了後遅滞なく、事業報告書と決算関係書類を監事に提出し、監事の監査を受け、監事から監査報告を受領しなければならない（中協法第40条）。
　監事の監査は、会計監査と業務監査に区分され、原則としてすべての組合の監事にはこの２つの監査を行う権限が付与されている。
　しかし、一定組合（各事業年度開始時点で組合員数（連合会の場合には会員である組合の組合員の合計数）が1,000人を超えない組合で、定款に監事の職務を会計監査に限定する旨の規定を有する組合）については、監事に会計監査の権限だけを付与し、業務監査権限を付与しないようにすることができるものとされている。

1　監事についての中協法規則の規定

（監事の決算関係書類に係る監査報告の内容）
第115条　監事は、決算関係書類を受領したときは、次に掲げる事項を内容とする監査報告を作成しなければならない。
　一　監事の監査の方法及びその内容
　二　決算関係書類（剰余金処分案又は損失処理案を除く。）が当該組合又は中央会の財産及び損益の状況をすべての重要な点において適正に表示しているかどうかについての意見
　三　剰余金処分案又は損失処理案が法令又は定款に適合しているかどうかについての意見
　四　剰余金処分案又は損失処理案が当該組合又は中央会の財産の状況その他の事情に照らして著しく不当であるときは、その旨
　五　監査のため必要な調査ができなかったときは、その旨及びその理由
　六　追記情報
　七　監査報告を作成した日
２　前項第６号に規定する追記情報とは、次に掲げる事項その他の事項のうち、監事の判断に関して説明を付す必要がある事項又は決算関係書類の内容のうち強調する必要がある事項とする。
　一　正当な理由による会計方針の変更
　二　重要な偶発事象
　三　重要な後発事象
（監事の事業報告書に係る監査報告の内容）
第116条　監事は、事業報告書を受領したときは、次に掲げる事項を内容とする監査報告を作成しなければならない。
　一　監事の監査の方法及びその内容
　二　事業報告書が法令又は定款に従い当該組合又は中央会の状況を正しく示しているかどうかについての意見
　三　当該組合又は中央会の理事の職務の遂行に関し、不正の行為又は法令若しくは定款に違反する重大な事実があったときは、その事実

四　監査のため必要な調査ができなかったときは、その旨及びその理由
　　五　監査報告を作成した日
２　前項の規定にかかわらず、監査権限限定組合（法第27条第８項に規定する組合をいう。）の監事は、前項各号に掲げる事項に代えて、事業報告書を監査する権限がないことを明らかにした監査報告を作成しなければならない。
（監事の監査報告の通知期限等）
第117条　特定監事は、次に掲げる日のいずれか遅い日までに、特定理事に対し、第115条第１項及び前条第１項に規定する監査報告の内容を通知しなければならない。
　　一　決算関係書類及び事業報告書の全部を受領した日から四週間を経過した日
　　二　特定理事及び特定監事の間で合意により定めた日があるときは、その日
２　決算関係書類及び事業報告書については、特定理事が前項の規定による監査報告の内容の通知を受けた日に、監事の監査を受けたものとする。
３　前項の規定にかかわらず、特定監事が第１項の規定により通知をすべき日までに同項の規定による監査報告の内容の通知をしない場合には、当該通知をすべき日に、決算関係書類及び事業報告書については、監事の監査を受けたものとみなす。
４　第１項及び第２項に規定する「特定理事」とは、次の各号に掲げる場合の区分に応じ、当該各号に定める者をいう。
　　一　第１項の規定による通知を受ける者を定めた場合　当該通知を受ける者として定められた者
　　二　前号に掲げる場合以外の場合　監査を受けるべき決算関係書類及び事業報告書の作成に関する業務を行った理事
５　第１項及び第３項に規定する「特定監事」とは、次の各号に掲げる場合の区分に応じ、当該各号に定める者をいう。
　　一　第１項の規定による通知をすべき監事を定めた場合　当該通知をすべき者として定められた者
　　二　前号に掲げる場合以外の場合　すべての監事

　監査報告書は特定監事から特定理事に提出することとされている。この場合の「特定理事」とは、中協法規則において監査報告の通知を受ける者として定められた理事であり、定められていない場合には決算関係書類及び事業報告書の作成に携わった理事を指し、「特定監事」とは監査報告を特定理事に通知する監事を決めた場合にはその監事であり、そのような監事を決めなかった場合には、すべての監事が該当する。

　監査報告書には、監査の方法の内容及び監査結果の意見を記載しなければならない。

　監査の方法の内容については、監査の対象となった書類と実施した監査手続を記載しなければならない。監査結果の意見としては、①決算関係書類が組合の財産及び損益の状況のすべての重要な点において適正に表示しているかどうか、②剰余金処分案又は損失処理案が法令又は定款に適合しているかどうか、③剰余金処分案又は損失処理案が組合の財産の状況その他の事情に照らして著しく不当であるときは、その旨、④監査のため必要な調査ができなかったときは、その旨とその理由、⑤追記情報として正当な理由による会計方針の変更・重要な偶発事象・重要な後発事象など、⑥事業報告書が法令又は定款に従い組

第3章　事業報告書と決算関係書類

合の状況を正しく示しているどうか、⑦組合の理事の職務の遂行に関し、不正の行為又は法令若しくは定款に違反する重大な事実があったときは、その旨を記載しなければならない。

　なお、事業報告書の監査は、業務監査権限を有する監事だけが行うことができる監査であり、業務監査権限を有せず会計監査の権限のみを有する監事は、監査報告書において、事業報告書を監査する権限がないことを明らかにしなければならないとされている。

2　監査報告書の様式例

監 査 報 告 書

　中小企業等協同組合法第40条第5項により、組合から受領した第○期財産目録、貸借対照表、損益計算書、剰余金処分案（損失処理案）及び事業報告書を監査した。

１．監査方法の概要
　　決算関係書類及び事業報告書の監査のため、会計に関する帳簿、書類を閲覧し、計算書類について検討を加え、必要な実査、立会、照合及び報告の聴取、理事会議事録の閲覧、重要な事業の経過報告の聴取その他通常とるべき必要な方法を用いて調査した。

２．監査結果の意見
　(1)　財産目録、貸借対照表、損益計算書は、組合の財産及び損益の状況のすべての重要な点において適正に表示している。
　(2)　剰余金処分案（損失処理案）は法令及び定款に適合している。
　(3)　事業報告書は、法令及び定款に従い、組合の状況を正しく示している。

３．追記情報（決算関係書類について記載すべき事項がある場合）

　平成　　年　月　日

○　○　組　合
監事○○○○

（作成上の留意事項）
(1)　監査権限限定組合（監事の監査の範囲が会計に関するものに限定されている組合）の監事は、事業報告書及び理事会議事録、重要な事業の経過報告に関する記載を削除し、下記例のように事業報告書を監査する権限のないことを監査報告書の前文に追加記載する。
　　「なお、当組合の監事は、定款第○条（監事の職務）に定めるところにより、監査の範囲が会計に関するものに限定されているため、事業報告書を監査する権限を有していない。」
(2)　「２．監査結果の意見」については、(1)～(3)のほか、剰余金処分案（損失処理案）が組合の財産の状況その他の事情に照らして著しく不当であるとき、又は理事の職務の遂行に関し不正の行為又は法令若しくは定款に違反する重大な事実があったときは、その旨を追加記載する。
(3)　「３．追記情報」は決算関係書類について記載すべき事項がある場合に設け、正当な理由による会計方針の変更、重要な偶発事象、重要な後発事象その他の事項であって、監事の判断に関して説明を付す必要がある事項や決算関係書類の内容のうち強調する必要がある事項を記載

する。
⑷　監査の日付は、特定理事に監査報告を通知した日を記載する。
⑸　署名は、監事が複数いる場合には監事全員とする。
⑹　「中小企業等協同組合法第40条第5項により」の部分を協業組合の場合は、「中小企業団体の組織に関する法律第5条の23第3項において準用する中小企業等協同組合法第40条第5項により」と、商工組合（非出資商工組合を含む）の場合は、「中小企業団体の組織に関する法律第47条第2項において準用する中小企業等協同組合法第40条第5項により」と、商店街振興組合の場合は、「商店街振興組合法第53条第5項により」と書き換える。

第4章　事業計画と予算関係書類

第1節　事業計画

　事業計画は、通常総会（通常総代会）において組合の当該事業年度内に実施を予定する共同事業の実施計画及び予想計画等に関して組合員に付議する書類である。

　したがって、組合の定款に規定され、かつ、現実に実施しようとする各事業について、でき得る限り的確に記載することが必要である。

　事業計画の作成の基準については、中協法規則に特段の規定を有してはないが、組合が実施する共同事業が組合員との取引によって成り立っていることにかんがみ、どのような資金によってその共同事業の運営が行われるのかを付記すべきである。また、事業計画が事業報告と表裏一体の関係にあることを勘案し、事業報告に求められる項目であって予定される事項がある場合には、できるだけ盛り込むことが重要である。

1　事業計画様式例

事　業　計　画　書
自　平成　　年　　月　　日
至　平成　　年　　月　　日

Ⅰ　事業計画
　1．共同生産、共同加工に関する事業
　　この事業は、組合員が事業に必要とする次の品目を組合員の委託を受けて、組合の施設において生産（加工）し、組合員に供給することにより実施する。

	生産(加工)量	販売高	手数料率	手数料高
A品	○○　個	○○○　円	○個につき　○円	○○円
B品	○○　台	○○○　円	○台につき　○円	○○円
C品	○○　kg	○○○　円	○kgにつき　○円	○○円

第4章　事業計画と予算関係書類

2．共同販売に関する事業
　　この事業は、組合員が生産する次の製品の全生産数量（又は全生産数量の○％）を組合員から委託を受けて、組合が需要先に販売することにより実施する。

	販売量	販売高	手数料率	手数料高
A品	○○　個	○○○　円	○個につき○円	○○円
B品	○○　ダース	○○○　円	○ダースにつき○円	○○円
C品	○○　kg	○○○　円	○kgにつき○円	○○円

3．共同購買に関する事業
　　この事業は、組合員が受容する次の製品の全需要数量（又は全需要数量の○％）を組合員から委託を受けて、組合が購買することにより実施する。

	購買量	購買高	手数料率	手数料高
A品	○○　個	○○○　円	○個につき○円	○○円
B品	○○　ダース	○○○　円	○ダースにつき○円	○○円
C品	○○　kg	○○○　円	○kgにつき○円	○○円

4．共同保管に関する事業
　　この事業は、組合員の事業に関する製品を組合の倉庫に保管し、組合員の倉庫保管料の経費節減を図ることにより実施する。

　　取扱品目　　　　　A品、B品、C品
　　年間保管量　　　　○○トン
　　保管手数料　　　　○○円

5．共同検査に関する事業
　　この事業は、組合員の生産する製品に対する信用の増大を図るため、次の製品に対して組合員の委託を受けて、製品の品質（規格）の抜取（全数）検査をすることにより実施する。

	検査数量	手数料率	手数料高
A品	○○　個	○個につき○円	○○円
B品	○○　ダース	○ダースにつき○円	○○円
C品	○○　kg	○kgにつき○円	○○円

6．事業資金の貸付けに関する事業
　この事業は、組合員に転貸する資金を商工中金、○○信用組合、○○銀行から借り入れ、組合員に対して事業資金を貸し付けることにより実施する。

　　資金量　　　　　　　　○○○円
　　貸付利息　　　　　　　年利　○％
　　転貸手数料　　　　　　年利　○％
　　1件当たり貸付期間　　　○か月
　　1件当たり最高貸付額　　○○円

7．教育及び情報の提供に関する事業
　　この事業は、組合員等に対し経営管理及び生産技術の向上を図るため、次の研修会（講習会、後援会）並びに情報提供をすることにより実施する。
　　なお、この事業は教育情報事業賦課金収入により運営する。
(1)　講習会、研究会の開催
　　①組合員の事業経営に関する講習会に専門家を招聘して、年○回開催する。

②組合員の雇用する従業員に対して○○技術の向上を図るため専門家を招聘して年○回研究会を開催する。
 (2)　情報提供
　　組合員の取り扱う製品の市況の情報収集及び交換のため月○回Ａ４判○頁程度の情報誌を発行する。

Ⅱ　諸会議の開催
 １．総会　　○年○月下旬に○○○にて開催予定
 ２．理事会　共同事業の進捗状況を見据えて、おおむね四半期に１回程度開催
 ３．委員会　共同事業の円滑な実施を図るため、○○委員会を随時開催

第２節　収支予算（見積損益計算書）

　収支予算については、中協法において通常総会（通常総代会）に付議しなければならないこととされているが、その作成のための基準については、事業計画と同様に中協法規則に特段の規定はない。

　組合会計は、その性格から収支の均衡を図ることが理想的である。そのためには、まず実施事業の内容を十分に検討して事業計画を立てるとともに、この事業計画の実施に伴って生ずる収入額及び支出額を的確に見積もって、収支予算を作成することが必要である。

　収支予算は、**様式例１**が一般的な標準様式である。**様式例２**は事業別ではない損益計算書の様式に準じた様式であり、**様式例３**は事業別の損益計算書の様式に準じた様式である。

　また、資金計画表は、借入金や増資によって固定資産を購入する場合や減価償却費をもって借入金の返済を予定している場合、損益取引でなく、このための資金の動きを収支予算上で表示することが困難であり、この場合の資金の運用計画を示すことにより収支予算を補完するために作成するものである。

様式例１

収支予算（見積損益計算書）
自　平成　　年　　月　　日
至　平成　　年　　月　　日

収　入　の　部		
	円（千円）	
Ⅰ　事　業　収　入		
売　　上　　高	××××	
受取購買手数料	×××	取扱高○○○円に対し○％
受取販売手数料	×××	取扱高○○○円に対し○％

第4章　事業計画と予算関係書類

収　入　の　部		
受取受注手数料	×××	取扱高○○○円に対し○％
受取斡旋手数料	×××	取扱高○○○円に対し○％
受取貸付利息	×××	資金量○○○円　年利○％
受取保証料	×××	資金量○○○円　年利○％
受取加工料	×××	取扱高○○○円に対し○％
受取運送料	×××	取扱高○○○円に対し○％
受取検査料	×××	取扱高○○○円に対し○％
受取保管料	×××	取扱高○○○円に対し○％
受取施設利用料	×××	取扱高○○○円に対し○％
教育情報事業賦課金収入	×××	組合員1人月額○○○円　○○人　○か月分
教育情報費用繰越金取崩	×××	
仮受賦課金戻入	×××	
○　○　○　○	×××	
事業収入計	××××	
Ⅱ　賦課金等収入		
賦課金収入	×××	組合員1人月額○○○円　○○人　○か月分
特別賦課金収入	×××	組合員1人月額○○○円　○○人　○か月分
参加料収入	×××	
負担金収入	×××	
○　○　○　○	×××	
賦課金等収入計	××××	
Ⅲ　事業外収入		
事業外受取利息	×××	
加入手数料収入	×××	
雑　　収　　入	×××	
○○引当金戻入	×××	
○　○　○　○	×××	
事業外収入計	××××	
Ⅳ　○○周年記念事業積立金取崩	×××	
合　　　計	××××	

支　出　の　部		
	円（千円）	
Ⅰ　事　業　費		
売上原価	××××	
購買事業費	×××	
販売事業費	×××	
受注事業費	×××	
金融事業費	×××	
運送事業費	×××	
教育情報事業費	××××	

	福利厚生事業費	×××	
	○○周年記念事業費	×××	
	○ ○ ○ ○	×××	
	事業費計	××××	
Ⅱ	一般管理費		
	人件費		
	役　員　報　酬	×××	○人　月額○○○円　○○か月分
	職　員　給　料	×××	○○人　月額○○○円　○○か月分
	福　利　厚　生　費	×××	月額○○○円　○○か月分
	退職金共済掛金	×××	月額○○○円　○○か月分
	退職給与引当金繰入	×××	○○人　職員給料手当総額の○○分の○
	役　員　退　職　金	×××	
	役員退職給与積立金取崩	△×××	
	業務費		
	教　育　研　究　費	×××	月額○○○円　○○か月分
	新　聞　図　書　費	×××	月額○○○円　○○か月分
	旅　費　交　通　費	×××	月額○○○円　○○か月分
	通　　信　　費	×××	月額○○○円　○○か月分
	器　具　備　品　費	×××	月額○○○円　○○か月分
	印　　刷　　費	×××	月額○○○円　○○か月分
	会　　議　　費	×××	総会○○○円　理事会○○○円○回分
			委員会○○○円○回分
	交　　通　　費	×××	月額○○○円　○○か月分
	関係団体負担金	×××	中央会等関係団体に対する会費
	支　払　保　険　料	×××	月額○○○円　○○か月分
	賃　　借　　料	×××	月額○○○円　○○か月分
	水　道　光　熱　費	×××	月額○○○円　○○か月分
	修　　繕　　費	×××	月額○○○円　○○か月分
	減　価　償　却　費	×××	事務用機械○○○円の定率（定額）償却
	○ ○ ○ ○	×××	
	雑　　　　費	×××	
	諸税負担金		
	租　税　公　課	×××	
	消　費　税　等	×××	
	一般管理費計	××××	
Ⅲ	事業外費用		
	事業外支払利息	×××	
	雑　損　失	×××	
	貸倒引当金繰入	×××	
	○ ○ ○ ○	×××	
	事業外費用計	××××	
Ⅳ	予　備　費	×××	
	合　　　計	××××	

第4章　事業計画と予算関係書類

（作成上の留意事項）
(1) 経済情勢の変化その他の事由により、当初予算に著しい変更を要するに至ったときには、総会（総代会）の承認を得て追加（更正）することとし、その場合には、当初予算と更正予算を対比させ、かつ、その増減額並びにその事由を記載するようにする。
(2) 金額の表示は別に「前年度決算額」の欄を設け、本年度予算額と対比させることができる。

様式例2

収支予算（見積損益計算書）

自　平成　　年　　月　　日
至　平成　　年　　月　　日

円（千円）

（三　事業支出の部）			（一　事業収入の部）		
Ⅰ　販売事業費用			Ⅰ　販売事業収益		
1　売上原価			1　売上高		
(1)　期首棚卸高	××		(1)　外部売上高	××	
(2)　当期仕入高	××		(2)　組合員売上高	××	
(3)　期末棚卸高	△××	××	(3)　受取手数料	××	××
2　販売費			2　その他販売収益		
(1)　○○○費	××		(1)　広告宣伝収入	××	
(2)　○○○費	××	××	(2)　受取出品料	××	××
計		×××	計		×××
Ⅱ　購買事業費用			Ⅱ　購買事業収益		
1　売上原価			1　売上高		
(1)　期首棚卸高	××		(1)　組合員売上高	××	
(2)　当期仕入高	××		(2)　外部売上高	××	
(3)　期末棚卸高	△××	××	(3)　受取手数料	××	××
2　購買費			2　その他購買収益		
(1)　○○○費	××		(1)　○○○収入	××	
(2)　○○○費	××	××	(2)　○○○収入	××	××
計		×××	計		×××
Ⅲ　金融事業費用			Ⅲ　金融事業収益		
1　転貸支払利息		××	1　受取貸付利息		××
2　金融費			2　受取貸付手数料		
(1)　○○○費	××		3　その他購買収益		
(2)　○○○費	××	××	(1)　受取保証料	××	
計		××	(2)　○○○収入	××	××
Ⅳ　生産・加工事業費用			計		××
1　売上原価			Ⅳ　生産・加工事業収益		
(1)　期首棚卸高	××		1　売上高		
(2)　当期製品製造原価	××		(1)　組合員売上高	××	
(3)　期末棚卸高	△××	××	(2)　外部売上高	××	
2　生産・加工費			(3)　受取手数料	××	××
(1)　○○○費	××		2　その他生産・加工収益		
(2)　○○○費	××	××	(1)　受取受注手数料	××	
計		××	(2)　○○○	××	××

V	施設事業費用		計	××
1	施設減価償却費	××	V 施設事業収益	
2	施設借入支払利息	××	1 受取施設利用料	××
3	施設費	××	2 施設負担金収入	××
	計	××	3 減価償却負担金収入	××
VI	保管・運送事業費用		4 利子負担金収入	××
1	保管費	××	計	××
2	運送費	××	VI 保管・運送事業収益	
	計	××	1 受取保管料	××
VII	検査・試験・開発事業費用		2 受取運送料	××
1	検査費	××	計	××
2	試験研究費	××	VII 検査・試験・開発事業収入	
3	研究開発費	××	1 受取検査料	××
	計	××	2 受取試験料	××
VIII	教育情報事業費用		3 試験開発負担金収入	××
1	講習会費	××	計	××
2	視察費	××	VIII 教育情報事業収益	
3	情報提供費	××	1 教育情報賦課金収入	××
	計	××	2 仮受賦課金繰入・戻入	××
IX	福利厚生事業費用		3 教育情報費用繰越金取崩	××
1	親睦会費	××	4 教育事業参加料収入	××
2	慶弔費	××	計	××
	計	××	IX 福利厚生事業収益	
X	保険業務代理・代行事業費用		1 福利厚生事業参加料収入	××
1	支払団体保険料	××	X 保険業務代理　代行事業収益	
2	支払団体保険金	××	1 団体保険料収入	××
3	支払団体保険配当金	××	2 団体保険金収入	××
	計	××	3 団体保険配当金収入	××
XI	○周年記念事業費		4 受取事務手数料	××
1	記念式典費	××	計	××
2	記念出版物費	××	XI ○周年記念事業収入	
3	記念祝賀会費	××	1 記念事業参加料収入	××
	計	××	2 ○周年記念事業積立金取崩	××
XII	貸倒引当金繰入	××	3 記念事業雑収入	××
			計	××
事業支出合計		×××		
			事業収入合計	×××
（四　一般管理費の部）				
XIII	一般管理費		（二　賦課金等収入の部）	
1	人件費		XII 賦課金等収入	
(1)	役員報酬　　××		1 賦課金収入（平等割）	××
(2)	職員給料　　××		2 賦課金収入（差等割）	××
(3)	福利厚生費　××		3 特別賦課金等収入	××
（法定福利費、厚生費）			4 参加料収入	××
(4)	退職金、退職金共済掛金　××		5 負担金収入	××
(5)	退職給与引当金繰入　××			××

第4章　事業計画と予算関係書類

　　(6)　退職給与引当金戻入　　××
　　(7)　役員退職金　　　　　　××
　　(8)　役員退職給与積立金取崩
　　　　　　　　　　　　　××　　×××
　2　業務費
　　(1)　教育研究費、研究開発費、新聞図書費
　　　　　　　　　　　　　　　　××
　　(2)　旅費交通費、通信費　　××
　　(3)　会議費　　　　　　　　××
　　　（総会費、理事会費、部・委員会費、支部会
　　　議費）　　　　　　　　　　××
　　(4)　消耗品費、事務用品費、印刷費、器具
　　　備品費　　　　　　　　　　××
　　(5)　賃借料、支払家賃、支払保険料、水道
　　　光熱費、修繕費、車両費、コンピュー
　　　タ関係費　　　　　　　　　××
　　(6)　支払手数料、関係団体負担金、交際費、
　　　雑費　　　　　　　　　　　××
　　(7)　減価償却費、借家権償却
　　　　　　　　　　　　　××　　×××
　3　諸税負担金
　　(1)　租税公課　　　　　　　××
　　(2)　消費税等　　　　　　　××　　×××
　4　その他管理費　　　　　　　　　　××

　一般管理費合計　　　　　　　　　　××××

　　　　　　（六　事業外支出の部）
XIV　　事業外費用
　1　支払利息　　　　　　　　　　　　××
　2　手形売却損　　　　　　　　　　　××
　3　為替差損　　　　　　　　　　　　××
　4　創立費償却　　　　　　　　　　　
　5　〇〇〇　　　　　　　　　　　　　××

　事業外支出合計　　　　　　　　　　×××

　　　　　　（七　予備費支出の部）
XV　　予備費
　1　費用支出予定　　　　　　　　　　××
　2　法人税等支出予定　　　　　　　　××
　3　留保予定　　　　　　　　　　　　××
　4　出資配当予定　　　　　　　　　　××
　　　予備費支出合計　　　　　　　　×××

　　　　支出合計　　　　　　　　　××××

　賦課金等収入合計　　　　　　　　×××

　　　　　　（五　事業外収入の部）
XIII　　事業外収益
　1　受取利息　　　　　　　　　　××
　2　受取外部出資配当金　　　　　××
　3　為替差益　　　　　　　　　　××
　4　協賛金収入　　　　　　　　　××
　5　加入手数料収入　　　　　　　××
　6　〇〇〇　　　　　　　　　　　××
　7　雑収入　　　　　　　　　　　××

　事業外収入合計　　　　　　　　×××

　　　収入合計　　　　　　　　××××

様式例3

収支予算（見積損益計算書）

自　平成　　　年　　　月　　　日
至　平成　　　年　　　月　　　日

円（千円）

（三　事業支出の部）			（一　事業収入の部）		
Ⅰ　販売事業費用			Ⅰ　販売事業収益		
1　売上原価			1　売上高		
（1）　期首棚卸高	××		（1）　外部売上高	××	
（2）　当期仕入高	××		（2）　組合員売上高	××	
（3）　期末棚卸高	△××	××	（3）　受取手数料	××	×××
2　販売費			2　その他販売収益		
（1）　配賦経費	××		（1）　販売雑収入	××	
（2）　手形売却損	××		（2）　○○○収入	××	×××
（3）　貸倒引当金繰入	××	×××	計		×××
3　差額		××	Ⅱ　購買事業収益		
計		×××	1　売上高		
Ⅱ　購買事業費用			（1）　組合員売上高	××	
1　売上原価			（2）　外部売上高	××	
（1）　期首棚卸高	××		（3）　受取手数料	××	×××
（2）　当期仕入高	××		2　その他購買収益		
（3）　期末棚卸高	△××	×××	（1）　販売雑収入	××	
2　購買費			（2）　○○○収入	××	×××
（1）　配賦経費	××		計		×××
（2）　手形売却損	××		Ⅲ　金融事業収益		
（3）　貸倒引当金繰入	××	××	1　受取貸付利息		××
3　差額		××	2　受取貸付手数料		××
計		×××	3　その他金融収益		
Ⅲ　金融事業費用			（1）　金融受取利息	××	
1　転貸支払利息		××	（2）　○○○収入	××	×××
2　金融費			計		×××
（1）　担保設定料	××		Ⅳ　生産・加工事業収益		
（2）　配賦経費	××		1　売上高		
（3）　金融支払利息	××		（1）　外部売上高	××	
（4）　貸倒引当金繰入	××	××	（2）　組合員売上高	××	
3　差額		××	（3）　受取手数料	××	×××
計		×××	2　その他生産・加工収益		
Ⅳ　生産・加工事業費用			（1）　生産・加工雑収入	××	
1　売上原価			（2）　○○○収入	××	×××
（1）　期首棚卸高	××		計		×××
（2）　当期製品製造原価	××		Ⅴ　その他事業収益		
（3）　期末棚卸高	△××	×××	1　受取施設利用料		××
2　生産・加工費			2　受取保管料		××
（1）　配賦経費	××		3　受取検査料		××
（2）　○○○費	××		4　受取運送料		××
（3）　貸倒引当金繰入	××	×××	5　教育情報賦課金収入		××

3　差額　　　　　　　　　　××
　　　　　計　　　　　　　　　×××
Ⅴ　その他事業費用
　1　施設事業費　　　　　　　××
　2　保管事業費　　　　　　　××
　3　検査事業費　　　　　　　××
　4　運送事業費　　　　　　　××
　5　教育情報事業費　　　　　××
　6　研究開発事業費　　　　　××
　7　福利厚生事業費　　　　　××
　8　○周年記念事業費　　　　××
　9　貸倒引当金繰入　　　　　××
　　　　　計　　　　　　　　　×××

施設費、保管費、検査費、運送費、教育情報費、研究開発、組合員福利厚生費、○周年記念事業費には、配賦経費の賦課を行わない方法を選択した。

事業支出合計　　　　　　　　　×××

　　　　（四　一般管理費の部）
Ⅵ　一般管理費
1　人件費
　（1）　役員報酬　　　　　　××
　（2）　職員給料　　　　　　××
　（3）　福利厚生費（法定福利費、厚生費）
　　　　　　　　　　　　　　　××
　（4）　退職金、退職金共済掛金
　　　　　　　　　　　　　　　××
　（5）　退職給与引当金繰入　××
　（6）　退職給与引当金戻入　××
　（7）　役員退職金　　　　　××
　（8）　役員退職給与積立金取崩
　　　　　　　　　　　××　　×××
2　業務費
　（1）　教育研究費、研究開発費、新聞図書費
　　　　　　　　　　　　　　　××
　（2）　旅費交通費・通信費　××
　（3）　会議費（総会費、理事会費、部・委員会費、支部会議費）　××
　（4）　消耗品費、事務用品費、印刷費、器具備品費　　　　　××
　（5）　賃借料、支払家賃、支払保険料、水道光熱費、修繕費、車両費、コンピュータ関係費　　　××　　×××

　　6　教育情報費用繰越金取崩　　××
　　7　仮受賦課金繰入・戻入　　　××
　　8　福利厚生事業収入　　　　　××
　　9　○周年記念事業積立金取崩　××
　　　　　計　　　　　　　　　　×××

事業収入合計　　　　　　　　　×××

　　　　（二　賦課金等収入の部）
Ⅵ　賦課金等収入
　1　賦課金収入（平等割）　　　××
　2　賦課金収入（差等割）　　　××
　3　特別賦課金等収入　　　　　××
　4　参加料収入　　　　　　　　××
　5　負担金収入　　　　　　　　××
賦課金等収入合計　　　　　　　×××

　　　　（五　事業外収入の部）
Ⅶ　事業外収益
　1　受取利息　　　　　　　　　××
　2　受取外部出資配当金　　　　××
　3　為替差益　　　　　　　　　××
　4　協賛金収入　　　　　　　　××
　5　加入手数料収入　　　　　　××

事業外収入合計　　　　　　　　×××

　収入合計　　　　　　　　　　××××

3　諸税負担金
　(1)　租税公課　　　　　××
　(2)　消費税等　　　　　××　　×××
4　事業費へ配賦
　(1)　販売費へ賦課　　△××
　(2)　購買費へ賦課　　△××
　(3)　金融費へ賦課　　△××
　(4)　生産・加工費へ配賦
　　　　　　　　　　　△××　△×××

一般管理費合計　　　　　　　×××

　　　　　（六　事業外支出の部）
Ⅶ　事業外費用
1　支払利息　　　　　　　××
2　為替差損　　　　　　　××
3　寄付金　　　　　　　　××
4　創立費償却　　　　　　××
5　○○○　　　　　　　　××

事業外支出合計　　　　　　×××

　　　　　（七　予備費支出の部）
Ⅷ　予備費
1　費用支出予定　　　　　××
2　法人税等支出予定　　　××
3　留保予定　　　　　　　××
4　出資配当予定　　　　　××

予備費支出合計　　　　　　×××

　　　支出合計　　　　　××××

(作成上の留意事項)
(1)　この様式は、事業間接費を各事業へ賦課する場合の標準様式である。
(2)　予備費の内訳は、借入金の返済原資として、留保を予定する場合に記載する。

第 4 章　事業計画と予算関係書類

様式例 4　資金計画表の様式例

資　金　計　画　表
自　平成　　年　　月　　日
至　平成　　年　　月　　日

資金運用		資金調達	
	円（千円）		円（千円）
1　固　定　資　産　投　資	××××	1　増　　　　　　　　資	××××
2　借　入　金　返　済	××××	2　必　要　利　益	××××
3　配　　　当　　　金	×××	3　減　価　償　却　費	××××
4　○　　○　　○	×××	4　借　　　入　　　金	×××
5　○　　○　　○	×××	5　○　　○　　○	××
6　差引運転資金（資本）の増減	×××	6　○　　○　　○	××
合　　　　計	××××	合　　　　計	××××

様式例 5　非出資商工組合の収支予算の様式例

収　支　予　算
自　平成　　年　　月　　日
至　平成　　年　　月　　日

円（千円）

（支出の部）		（収入の部）	
Ⅰ　事業費		Ⅰ　賦課金等収入	
指導教育事業費	××××	賦　課　金　収　入	××××
情報収集事業費	××××	会　　費　　収　　入	××××
調査研究事業費	××××	負　担　金　収　入	××××
○○対策事業費	××××	分　担　金　収　入	××××
広報事業費	××××	受　託　料　収　入	××××
事業費計	×××××	賦課金等収入計	×××××
Ⅱ　一般管理費		Ⅱ　事業賛助金収入	
人件費		協　賛　金　収　入	×××××
役員報酬	×××××	補　助　金　収　入	×××××
職員給料	×××××	助　成　金　収　入	×××××
退職給与引当金繰入	×××××	事業賛助金収入計	×××××
福利厚生費	×××××	Ⅲ　事業外収益	
業務費		受　取　利　息	××××
教育研究費	×××××	雑　　　収　　　入	××××
旅費交通費	×××××	事業外収益計	××××
通信費	×××××	Ⅳ　前期繰越金戻入	××××
消耗品費	×××××	合　　　　　計	×××××
印刷費	×××××		
会議費	×××××		
交際費	×××××		
賃借料	×××××		
水道光熱費	××××		

```
        コンピュータ関係費        ××××
        修  繕  費            ××××
        減 価 償 却 費          ××××
        雑       費           ××××
    諸税負担金
        租 税 公 課            ××××
        消 費 税 等            ××××
            一般管理費計         ×××××
 Ⅲ 事業外費用
        支  払  利  息         ××××
        創  立  費  償  却      ××××
            事業外費用計         ×××××

 Ⅳ 予備費                     ×××
        合    計              ×××××
```

（作成上の留意事項）
　前期繰越金戻入は剰余金処分において、当期事業のために「次期予算繰入」として予算措置をした場合に、その金額を戻し入れて計上する。

様式例6　見積キャッシュ・フロー計算書の様式例

　資金計画表における資金は、正味運転資金という概念でとらえているため、資金管理活動の実態を実感としてとらえにくいという問題点がある。これに対して、資金の範囲を現金及び現金同等物に限定し、予算年度の資金の流れをみるものが、見積キャッシュ・フロー計算書である。

見積キャッシュ・フロー計算書（間接法）

円（千円）

```
 Ⅰ 事業活動によるキャッシュ・フロー
        必要利益                ××××
        減価償却費               ××××
        貸倒引当金の増加額         ××××
        退職給与引当金の減少額      △××××
        受取利息及び配当金         △××××
        支払利息                ××××
```

第4章　事業計画と予算関係書類

売上債権の増加額	△××××
棚卸資産の減少額	××××
仕入債務の増加額	××××
小　　計	×××××
利息及び配当金の受取額	××××
利息の支払額	△××××
法人税等の支払額	△××××
事業活動によるキャッシュ・フロー	×××××

Ⅱ　設備等活動によるキャッシュ・フロー

定期預金の払戻しによる収入	××××
定期預金の預入れによる支出	△××××
有価証券の取得による支出	△××××
有形固定資産の取得による支出	△××××
設備等活動によるキャッシュ・フロー	×××××

Ⅲ　財務活動によるキャッシュ・フロー

短期借入金純増加額	××××
長期借入れによる収入	××××
長期借入金の返済による支出	△××××
増資による収入	××××
配当金の支出額	△××××
財務活動によるキャッシュ・フロー	×××××

Ⅳ　現金及び現金同等物の増減額　　　　　　　　××××

Ⅴ　現金及び現金同等物の期首残高　　　　　　　××××

Ⅵ　現金及び現金同等物の期末残高　　　　　　　××××

見積キャッシュ・フロー計算書（直接法）　　　　　　　　　円（千円）

Ⅰ　事業活動によるキャッシュ・フロー
　1　共同生産事業

売上高、手数料などの収入	×××	
仕入高、外注費、その他事業費の支出	△×××	××

　2　共同購買事業

売上高、手数料などの収入	×××	
仕入高、外注費、その他事業費の支出	△×××	××

　3　共同金融事業

貸付利息、手数料、保証料などの収入	×××

　　　　　転貸支払利息、その他事業費の支出　　△×××　　××
　　4　団地建設事業
　　　　　負担金、利用料、手数料などの収入　　×××
　　　　　高度化借入利息、固定資産税、
　　　　　　　　　　　その他事業費の支出　　△×××　　××
　　5　教育情報事業
　　　　　賦課金、参加料などの収入　　×××
　　　　　講習会費、その他事業費の支出　　△×××　　××
　　6　福利厚生事業
　　　　　参加料、共済掛金などの収入　　×××
　　　　　慶弔費、保険料、保険金などの支出　　△×××　　××
　　7　組合管理
　　　　　賦課金、参加料などの収入　　×××
　　　　　人件費、その他管理費の支出　　△×××　　××
　　8　事業外
　　　　　利息、配当金、協賛金などの収入　　×××
　　　　　利息、その他費用の支出　　△×××　　××
　　9　法人税等支出　　△××
　　　事業活動によるキャッシュ・フロー　　　　×××

Ⅱ　設備等活動によるキャッシュ・フロー
　　1　定期預金、退職給与引当資産
　　　　　払戻しによる収入　　×××
　　　　　預入れによる支出　　△×××　　××
　　2　金融事業
　　　　　転貸借入金の借入による収入（純額）　　×××
　　　　　貸付金の貸付による支出（純額）　　△×××　　××
　　3　団地建設事業
　　　　　組合員使用施設を組合員に売却した
　　　　　未収金の回収による収入　　　　××
　　4　有形、無形固定資産
　　　　　売却による収入（簿価×××）　　×××
　　　　　取得による支出　　△×××　　××
　　5　差入保証金、差入敷金
　　　　　返還による収入　　×××
　　　　　差入による支出　　△×××　　××
　　6　関係先出資金、有価証券
　　　　　払戻し又は売却による収入　　×××

第4章　事業計画と予算関係書類

　　　　　取得による支出　　　　　　　　　　△×××　　　××
　　　　設備等活動によるキャッシュ・フロー　　　　　　　×××

Ⅲ　財務活動によるキャッシュ・フロー
　　1　短期借入金
　　　　　借入による収入（純額）　　　　　　　×××
　　　　　返済による支出（純額）　　　　　　　△×××　　　××
　　2　長期借入金
　　　　　施設用資金の借入による収入　　　　　×××
　　　　　施設用資金の返済による支出　　　　　△×××
　　　　　組合運営資金の借入による収入　　　　×××
　　　　　組合運営資金の返済による支出　　　　△×××　　　××
　　3　組合員預り金、借入金
　　　　　組合員預り金の受入による収入　　　　×××
　　　　　組合員預り金の返済による支出　　　　△×××
　　　　　組合員借入金の借入による収入　　　　×××
　　　　　組合員借入金の返済による支出　　　　△×××　　　××
　　4　出資金、加入金
　　　　　出資金、加入金の払込みによる収入　　×××
　　　　　脱退者持分の払戻しによる支出　　　　△×××　　　××
　　5　出資配当金
　　　　　出資配当金の支出　　　　　　　　　　△××
　　　　財務活動によるキャッシュ・フロー　　　　　　　　×××

Ⅳ　現金、預金増加額　　　　　　　　　　　　　　　　　　××

Ⅴ　現金、預金期首残高　　　　　　　　　　　　　　　　　×××

Ⅵ　現金、預金期末残高　　　　　　　　　　　　　　　　　×××

　　重要な非資金取引の内容
　　1　団地建設事業の組合員使用施設を組合員に売却し未収とした額　　×××
　　2　組合員預り金の増資払込金へ充当した額　　　　　　　　　　　×××

第5章　個別会計基準

第1節　時価会計

1　時価会計の目的

昭和44年の最高裁判所の判決により、組合脱退者の持分払戻しは、組合の事業の継続を前提とし、なるべく有利にこれを一括譲渡する場合の価額、すなわち時価により評価した組合財産によって算定されることになった。

これを受けて旧中小企業等協同組合経理基準は、第3回改訂（昭和46年）に際して、財産目録を時価基準で作成することを検討したが、当時時価会計が行われていなかったことから、財産目録は取得原価基準にて作成し、別に脱退者への持分払戻しに際して、時価評価による正味財産の計算書を作成することとした。

ただ、脱退者持分払戻額が利益準備金、組合積立金、剰余金又は欠損金の額を超える場合を処理する勘定科目として「脱退者持分払戻勘定」を設け、貸借対照表の純資産の部に記載して控除することとした。

近年、会計原則、商法、税法に時価会計が取り入れられ、会計が大きく変わりはじめている。第7回改訂（平成13年）に際して、組合会計基準として時価会計による処理を検討し改訂した。

さらに、第8回改訂（平成19年）に際して、減損会計が導入されたことから減損会計で処理される部分は除外した。

2　有価証券

(1) 売買目的有価証券

売買目的有価証券とは、時価の変動により利益を得ることを目的として取得するものである。

(2) 満期保有目的の債券

満期保有目的の債券は、満期まで所有する意図をもって保有する、国債、地方債、商工債券等で、組合が償還期限まで所有するという積極的な意思とその能力に基づいて保有するものである。

保有期間が漠然と長期であると想定し保有期間をあらかじめ決めていない場合、または市場金利の変動等の将来の不確定要因の発生いかんによっては売却が予想される場合には、満期まで所有する意思があるとは認められない。また、満期までの資金計画等からみて継続的な保有が困難と判断される場合には、満期まで所有する能力があるとは認められない。

なお、満期まで所有する意図は取得時点において判断すべきものであり、一旦他の保有目的で取得した債券について、その後保有目的を変更して満期保有目的の債券に振り替えることは認められない。

満期保有目的の債券は、償却原価法に基づいて算定された価額をもって貸借対照表価額とし、償却原価法により加減する金額は受取利息として処理する。

(3) 外部出資

関係団体に対する出資、関係会社の株式は、取得原価をもって貸借対照表価額とする。

関係団体、関係会社等には、系統連合会、商工中金、信用組合、組合員全体の経済的地位の向上のために、その事業を補完・支援し、その発展に資する事業を行う会社・財団等に対する出資等（例えば、小売業を営むものからなる組合がその組合員の入店する店舗の維持・発展のために行う共同出資会社への出資、商店街の街づくり会社、業界の技術研究開発会社、第三セクターへの出資・出捐）、組合の共同事業を円滑に推進するために連携が必要な会社等に対する出資等（例えば、組合の取引先会社への出資、組合の共同事業を補完する事業を実施する会社（共販会社、卸会社、共同計算センターなど）への出資）などがある。

(4) その他有価証券

その他有価証券は、売買目的有価証券、満期保有目的の債券、外部出資以外の有価証券で、組合資金の運用方法の１つとして取得するものであり、長期的には売却することが想定される有価証券である。

その他有価証券は、時価をもって貸借対照表価額とし、有価証券銘柄別の評価差益、評価差損の合計額を評価差額として、純資産の部に計上する全部資本直入法と、時価が取得原価を上回る銘柄に係る評価差益は純資産の部に計上し、時価が取得原価を下回る銘柄に係る評価差損は当期の損失とする部分資本直入法のいずれかの方法により処理するが、原則として全部資本直入法を適用する。

なお、純資産の部に計上されるその他有価証券の評価差額については、税効果会計を適用し処理する。

純資産の部に計上した評価差額は、洗替方式に基づき計上した仕訳と反対の仕訳を翌期首に行う。したがって、その他有価証券を売却した場合には、評価差額計上前の取得原価を用いて算定した額が売却原価になる。

その他有価証券は、組合資金の運用方法の1つとして取得するものであるから、投機的要素のない、確実な運用に留意する。

(5) 時価が著しく下落した場合

満期保有目的の債券、外部出資、その他有価証券で、市場価格のあるものについて時価が著しく下落し回復する見込みがない場合、または、市場価格のないものについて関係団体、関係会社の財政状態の悪化により実質価額が著しく低下した場合には、回復する見込みがあると認められる場合を除き、時価又は実質価額まで減額し、評価差額は当期の損失として処理する。

なお、これらの場合には、時価又は実質価額を翌期首の取得原価とする。

3　債権

受取手形、売掛金、貸付金、未収金その他の債権の貸借対照表価額は、取得価額から貸倒見積高に基づいて算定された貸倒引当金を控除した金額とする。

4　債務

支払手形、買掛金、借入金、未払金その他の債務は、債務額をもって貸借対照表価額とする。

5　土地

組合が保有する土地には、高度化事業として組合員に譲渡を予定する土地もあるが、

通常は、組合会館用地及び組合共同事業用施設用地として固定資産に属する資産である。

組合財産は最高裁の判例により、なるべく有利にこれを一括譲渡する場合の価額により評価することとなっている。最高裁判例は評価益が生じる場合であったが、評価減が生じる場合においても同様である。

土地の再評価については、土地の再評価に関する法律（以下「土地再評価法」という。）（平成10年3月31日から平成14年3月31日まで施行）がある。同法では信用組合及び同連合会以外の組合は除外されているが、同法における会計処理は、組合が組合員の持分算定に際して土地を時価評価する場合の参考とすることができる。

同法は、所有するすべての事業用土地（販売を目的として所有するもの以外のもの）について再評価をすることとされている。

同法の会計処理は、再評価の結果生じた再評価差額について、評価益、評価損をすべて通算、相殺し再評価差額を求める。

再評価差額が貸方残高となる場合には、土地再評価差額金から繰延税金負債を控除した金額を、再評価差額金として純資産の部の利益剰余金の次に掲記する。

再評価差額が借方残高となる場合には、土地再評価差額金から繰延税金資産を控除した金額を、再評価差額金として純資産の部の利益剰余金の次に掲記し減算する。なお、繰延税金資産については、通常の繰延税金資産と同様に回収可能性を検討し、回収可能性があると判断できる場合に限られる。

組合が固定資産として保有する土地・建物について、評価額が帳簿価額を下回っている場合には、減損損失を処理する減損会計を行うことが求められている。

減損会計は、組合を取り巻く経済環境や資産に生じた状況の変化により土地・建物の評価額が帳簿価額を下回るときに行う会計である。

評価額は、回収可能価額としての正味売却可能価額と使用価値のいずれか高い金額を用いることとされており、正味売却可能価額は売急ぎなどの特別の事情がなく通常に取引されるであろうとされる金額から処分費用を控除した金額とされている。

以上のことから、組合が保有する土地の時価会計は次のように行う。

(1) 土地評価額が帳簿価額を下回る場合は、次のいずれかの方法により行う。

　① 土地について減損会計が適用される場合は減損会計を行う。

　② 取得原価基準により作成された財産目録の注記に、時価評価正味資産の価額を記

載する。
(2) 土地評価額が帳簿価額を上回る場合は、次のいずれかの方法により行う。
① 土地の評価差額のうち繰延税金負債を控除した金額を、評価差額金として純資産の部に表示する。
② 取得原価基準により財産目録を作成し、別に脱退者への持分払戻しに際して、時価評価財産目録を作成し、時価評価正味資産から持分額を算定する。

時価評価財産目録は、税効果会計を行い繰延税金負債を計上し時価評価正味資産を求める。この場合、脱退者に払い戻すべき持分額のうち出資金及び資本剰余金以外の持分を構成している金額が取得原価基準による会計の利益剰余金・前期繰越剰余金又は前期繰越損失金・当期純利益金額（利益剰余金については組合に留保した金額）又は当期純損失金額の合計額を超える場合は、その超える金額は純資産の部の評価・換算差額等に脱退者持分払戻勘定を設けて翌期へ繰り越す。

(3) 時価評価の方法
① 土地再評価法の評価方法は、同法施行令第2条に次のように規定されている。
　ⅰ 当該事業用土地の近隣の地価公示法第6条による公示価格に合理的な調整をして算定する方法
　ⅱ 国土利用計画法施行令第9条第1項による標準価格に合理的な調整をして算定する方法
　ⅲ 地方税法第341条第10号の土地課税台帳又は同条第11号の土地補充課税台帳価格の登録価格に合理的な調整をして算定する方法
　ⅳ 財産評価基本通達に定める路線価により算定した価額に合理的な調整をして算定する方法
　ⅴ 不動産鑑定士による鑑定評価
② 組合会計における評価方法としては、土地再評価法に定める評価方法のうち、資料入手の観点から、固定資産税評価額に合理的な調達をして算定する方法、財産評価基本通達に定める相続税評価額に合理的な調整をして算定する方法が考えられる。合理的な調整方法としては、あらかじめ固定資産税評価額又は相続税評価額と時価との関係を調べておき、それぞれの評価額に対する計算方法を定めておくようにする。例えば、固定資産税評価額が時価の70％程度である場合は、固定資産税評価額を70％で除した価額を時価評価額とする。

また、組合所有土地の価額が多額であり、脱退者持分払戻しを時価評価額で行う組合にあっては、不動産鑑定士による評価が必要になる。なお、減損会計における回収可能額を採用することは差し支えない。
③　時価評価方法は、あらかじめ組合員の合意を得て選定し、さらに選定した方法は財産目録に注記する。

なお、選定した方法は、正当な理由がない限り毎期継続して適用することが必要であり、正当な理由により他の評価方法へ変更する場合には、その理由を財産目録に注記する。

6　建物等

組合が所有する建物・建物付属設備・機械装置・車両運搬具・工具・器具備品等の有形固定資産、特許権・商標権・ソフトウェア・借家権等の無形固定資産、創立費・開業費・開発費・繰延消費税等・施設負担金等の繰延資産（以下「建物等」という。）は、次の償却額を控除した残額を建物等の価額とする。

(1)　有形固定資産は、当該資産の耐用年数にわたり、定額法、定率法等の一定の減価償却の方法によって償却額を計算する。

(2)　無形固定資産は、当該資産の有効期間にわたり一定の減価償却の方法によって償却額を計算する。

(3)　繰延資産は、当該資産の償却期間に毎期均等額以上の償却額を計算する。

(4)　建物等の償却について、法人税法に定める償却限度額以下の金額を償却した場合には、その不足額を償却不足額として計算する。

(5)　建物等の時価評価の方法

①　組合が固定資産として保有する土地・建物について、評価額が帳簿価額を下回っている場合には、減損損失を処理する減損会計を行うことが求められており、回収可能価額により評価することとなるが、回収可能価額を算出をする事務手続上、組合の選択により、回収可能価額によらず、時価評価額によることは差し支えない。

②　建物等の償却を正常に行っている場合には、償却後の帳簿価額を当該資産の時価相当額とする。

③　建物等の償却に償却不足額がある場合には、帳簿価額から償却不足の累計額を控除した価額を当該資産の時価相当額とする。

第2節　キャッシュ・フロー計算書

1　キャッシュ・フロー計算書の目的

キャッシュ・フロー計算書は、組合の一会計期間におけるキャッシュ・フローの状況を報告するために作成するものである。

2　作成基準

(1) 資金の範囲

　組合のキャッシュ・フロー計算書が対象とする資金の範囲は、現金、当座預金、普通預金、通知預金、取得日から満期日までの期間が3か月以内の定期預金をいう。

(2) 事業活動によるキャッシュ・フロー

　「事業活動によるキャッシュ・フロー」の区分には、次のキャッシュ・フローを記載する。

① 組合事業（事業別）の収入及び支出

② 組合管理（賦課金、参加料など）の収入及び管理費の支出

③ 事業外（利息、配当金、協賛金など）の収入及び利息の支出

④ 利用分量配当金の支出

⑤ 法人税等の支出

⑥ ①から⑤の対象となった取引のほか、設備等活動及び財務活動以外の取引によるキャッシュ・フロー

(3) 設備等活動によるキャッシュ・フロー

　「設備等活動によるキャッシュ・フロー」の区分には、次のキャッシュ・フローを記載する。

① 取得日から満期日までの期間が3か月を超える定期預金、退職給与引当資金の預入れ及び払出し

② 金融事業の貸付金、転貸借入金の増減

③ 団地建設事業の組合員使用施設を組合員に売却した未収金の回収

④ 有形、無形固定資産の取得及び売却

⑤ 差入保証金、差入敷金の差入れ及び返還

第5章　個別会計基準

⑥　関係団体、関係会社等に対する出資金及び有価証券の取得、払戻し、売却

※　関係団体、関係会社等には、系統連合会、商工中金、信用組合、組合員全体の経済的地位の向上のために、その事業を補完・支援し、その発展に資する事業を行う会社・財団等に対する出資等（例えば、小売業を営むものからなる組合がその組合員の入店する店舗の維持・発展のために行う共同出資会社への出資、商店街の街づくり会社、業界の技術研究開発会社、第三セクターへの出資・出捐）、組合の共同事業を円滑に推進するために連携が必要な会社等に対する出資等（例えば、組合の取引先会社への出資、組合の共同事業を補完する事業を実施する会社（共販会社、卸会社、共同計算センターなど）への出資）などがある。

(4) 財務活動によるキャッシュ・フロー

「財務活動によるキャッシュ・フロー」の区分には、次のキャッシュ・フローを記載する。

①　短期借入金の借入れ及び返済

②　長期借入金（施設用・組合運営用）の借入れ及び返済

③　組合員からの預り金、借入金の受入れ及び返済

④　出資金・加入金の払込み及び脱退者持分の払戻し

⑤　出資配当金の支払い

3　表示方法

(1) 事業活動によるキャッシュ・フローの表示方法

「事業活動によるキャッシュ・フロー」は、実施事業ごとにキャッシュ・フローを総額表示する直接法と、税引前当期利益に非資金損益項目、事業活動に係る資産の増減、設備等活動によるキャッシュ・フロー及び財務活動によるキャッシュ・フローの区分に含まれる損益項目を加減して表示する間接法があり、そのいずれかの方法により表示する。

(2) 設備等活動によるキャッシュ・フローの表示方法

「設備等活動によるキャッシュ・フロー」は、次のように表示する。

①　定期預金の預入れ及び払戻し、団地建設事業の未収金の回収、有形、無形固定資産の取得及び売却、差入保証金の差入れ及び返還、関係団体、関係会社等に対する

出資金及び有価証券の取得、払戻し、売却は、キャッシュ・フローを総額で表示する。

② 金融事業の貸付金、転貸借入金のキャッシュ・フローは純額で表示する。

(3) 財務活動によるキャッシュ・フローの表示方法

「財務活動によるキャッシュ・フロー」は、次のように表示する。

① 短期借入金のキャッシュ・フローは、純額で表示する。

② 長期借入金（施設用・組合運営用）、組合員からの預り金及び借入金、出資金・加入金、脱退者持分、出資配当金は、キャッシュ・フローを総額で表示する。

4 注記事項

キャッシュ・フロー計算書については、次の事項を注記する。

(1) 重要な非資金取引

重要な非資金取引には、団地建設事業の組合員使用施設を組合員に売却し未収とした額、組合員預り金の増資払込金へ充当した額などがある。

(2) 各表示区分の記載内容を変更した場合にはその内容

5 取扱要領

(1) キャッシュ・フロー計算書の作成時期

キャッシュ・フロー計算書は、随時組合の必要に応じて作成するが、中間決算、年度決算などの決算書類の作成時に合わせて作成する。

(2) キャッシュ・フロー計算書の提出

キャッシュ・フロー計算書は、組合会計の状況を報告するため作成するものであるから、組合業務の執行方針を決める理事会へ提出する。

個別キャッシュ・フロー計算書記載例

1．期末キャッシュ・フロー計算書修正仕訳　No.1

　税引前利益への修正

①	当期損益（税引後）	614	税引前当期純利益	614
②	法人税等	420	税引前当期純利益	420

　非資金項目

③	貸倒引当金	12	貸倒引当金繰入	12
④	貸倒引当金戻入	10	貸倒引当金	10
⑤	有形無形固定資産（共同施設）	1,290	加工事業減価償却費	1,290

第5章　個別会計基準

	⑥	有形無形固定資産（共同施設）	120	販売事業減価償却費	120
	⑦	有形無形固定資産（組合会館）	80	一般管理減価償却費	80
	⑧	有形無形固定資産（共同施設）	1,600	特別償却費	1,600
	⑨	繰延資産	4	繰延資産償却	4
	⑩	退職給与引当金	30	加工事業退職給与引当金繰入	30
	⑪	退職給与引当金	10	販売事業退職給与引当金繰入	10
	⑫	退職給与引当金	7	一般管理退職給与引当金繰入	7
	⑬	教育情報費用繰越金戻入	75	前期繰越剰余金	75
	⑭	未払持分	100	出資金	100

法人税等支払

	⑮	法人税等支払額	317	法人税等	317
	⑯	未払法人税等	103	法人税等	103
	⑰	未払法人税等戻入	2	未払法人税等	2

剰　余　金

	⑱	利益準備金	32	当期純利益金額	32
	⑲	組合積立金	32	当期純利益金額	32
	⑳	前期繰越剰余金	256	当期純利益金額	256

2．期末キャッシュ・フロー計算書修正仕訳　No.2

固定資産取得・売却

	㉑	有形無形固定資産（共同施設）	692	固定資産売却収入	692
	㉒	有形無形固定資産（共同施設）	8	固定資産売却損	8
	㉓	有形無形固定資産（共同施設）	311	固定資産売却収入	311
	㉔	固定資産売却益	5	固定資産売却収入	5
	㉕	未　払　金	3,000	有形無形固定資産（共同施設）	3,000
	㉖	固定資産取得支出	2,825	有形無形固定資産（共同施設）	2,825

事　業　収　支

	㉗	加工事業収益	530	受取手形売掛金（組合員）	530
	㉘	受取手形売掛金（員　外）	20	販売事業収益	20
	㉙	棚卸資産	171	加工事業費	171
	㉚	賦課金等収入	6	組合員負担分の未収金	6
	㉛	金融事業収益	2	未収収益・前払費用	2
	㉜	未払費用・前受収益	3	金融事業費	3
	㉝	加工事業費	437	支払手形・買掛金（員　外）	437
	㉞	販売事業費	10	支払手形・買掛金（組合員）	10
	㉟	子会社未払金	10	加工事業費	10
		合　　　計	13,144	合　　　計	13,144

※　上記修正仕訳を精算表に記入し、キャッシュ・フロー計算書を作成する。

3．キャッシュ・フロー計算書（直接法）記載例
Ⅰ　事業活動によるキャッシュ・フロー
　　1．加工事業
　　　　売上高、手数料などの収入　　　　　　　　　　　62,733
　　　　仕入高、外注費、その他事業費の支出　　　　　△52,148　　　　10,585
　　2．金融事業
　　　　貸付利息、手数料、保証料などの収入　　　　　　　139
　　　　転貸支払利息、その他事業費の支出　　　　　　△136　　　　　　3
　　3．販売事業
　　　　売上高、手数料などの収入　　　　　　　　　　10,520
　　　　仕入高、外注費、その他事業費の支出　　　　△10,280　　　　　240
　　4．教育情報事業
　　　　賦課金参加料などの収入　　　　　　　　　　　　　0
　　　　講習会費、その他事業費の支出　　　　　　　△1,355　　　△1,355
　　5．組合管理
　　　　賦課金、参加料などの収入　　　　　　　　　13,624
　　　　人件費、その他管理費の支出　　　　　　　△18,547　　　△4,923
　　6．事業外
　　　　利息、配当金、協賛金などの収入　　　　　　　　323
　　　　利息、その他費用の支出　　　　　　　　　　△1,551　　　△1,228
　　7．法人税等支出　　　　　　　　　　　　　　　　△317　　　　△317
　　　　事業活動によるキャッシュ・フロー　　　　　　　　　　　　　　　　　3,005

Ⅱ　設備等活動によるキャッシュ・フロー
　　1．定期預金
　　　　払戻しによる収入　　　　　　　　　　　　　　　　0
　　　　預入れによる支出　　　　　　　　　　　　　△360　　　　△360
　　2．金融事業
　　　　転貸借入金の借入による収入（税額）　　　　　1,000
　　　　貸付金の貸付による支出（税額）　　　　　　△1,000　　　　　　0
　　3．団地建設事業
　　　　組合員使用施設を組合員に売却
　　　　した未収金の回収による収入　　　　　　　　　　240　　　　　240
　　4．有形、無形固定資産
　　　　売却による収入（簿価311）　　　　　　　　　　316
　　　　　〃　　　　　（簿価700）　　　　　　　　　　692
　　　　取得による支出　　　　　　　　　　　　　△2,825　　△1,817
　　5．関係先出資金、有価証券
　　　　払戻し又は売却による収入　　　　　　　　　　　0
　　　　取得による支出　　　　　　　　　　　　　　△90　　　　△90
　　　　設備等活動によるキャッシュ・フロー　　　　　　　　　　　　　　△2,027

Ⅲ　財務活動によるキャッシュ・フロー
　　1．短期借入金
　　　　借入による収入（純額）　　　　　　　　　　　324
　　　　返済による支出（純額）　　　　　　　　　　　　0　　　　　324
　　2．長期借入金
　　　　施設用資金の借入れによる収入　　　　　　　　　0
　　　　施設用資金の返済による支出　　　　　　　△1,895

		組合運営資金の借入れによる収入	0		
		組合運営資金の返済による支出	△300	△2,195	
	3．	組合員預り金、借入金			
		組合員預り金の受入による収入	310		
		組合員預り金の返済による支出	0		
		組合員借入金の借入による収入	100		
		組合員借入金の返済による支出	0	410	
	4．	出資金、加入金			
		出資金、加入金の払込みによる収入	700		
		脱退者持分の払戻しによる支出	△200	500	
		財務活動によるキャッシュ・フロー			△961
Ⅳ	現金預金増加額				17
Ⅴ	現金預金期首残高				2,888
Ⅵ	現金預金期末残高				2,905

4．キャッシュ・フロー計算書（間接法）記載例　　○内数字は修正仕訳 No.

Ⅰ　事業活動によるキャッシュ・フロー
　1．税引前当期利益　　①②　　　　　　　　　　1,034
　2．教育情報費用繰越金取崩　　⑬　　　　　　　△75
　3．減価償却費　　⑤⑥⑦⑧　　　　　　　　　　3,090
　4．繰延資産償却　　⑨　　　　　　　　　　　　4
　5．固定資産売却損（売却益を差引く）　㉒㉔　　3
　6．金融事業収益　受取貸付利息　　㉛　　　　　△141
　7．金融事業費　転貸支払利息　　㉛　　　　　　139
　8．賦課金等収入　　㉚　　　　　　　　　　　　△13,630
　9．貸倒引当金の増加額　　③④　　　　　　　　2
　10．退職給与引当金の増加額　　⑩⑪⑫　　　　　47
　11．未払法人税等戻入　　⑰　　　　　　　　　　△2
　12．売上債権の増加額　　㉗　　　　　　　　　　△530
　13．売上債権の減少額　　㉘　　　　　　　　　　20
　14．棚卸資産の減少額　　㉙　　　　　　　　　　171
　15．仕入債務の減少額　　㉝㉞　　　　　　　　　△447
　16．仕入債務の増加額　　㉟　　　　　　　　　　10
　　　　小　　　計　　　　　　　　　　　　　　　△10,305
　17．金融事業収益受取貸付利息の受取額　　㉜　　139
　18．金融事業費　転貸支払利息の支払額　　㉜　　△136
　19．賦課金等収入の受取額　　㉚　　　　　　　　13,624
　20．法人税等の支払額　　⑮　　　　　　　　　　△317　　13,310
　　　事業活動によるキャッシュ・フロー　　　　　　　　　　3,005

Ⅱ　設備等活動によるキャッシュ・フロー　以下直接法と同じ

Ａ協同組合キャッシュ・フロー計算書精算表記載例

（○内数字は修正仕訳 No.）

No.1

	貸借対照表		増　減		修　正		修正後		事　業		設　備		財　務	
	前期末	今期末	借方	貸方	借方	貸方	借方	貸方	借方	貸方	借方	貸方	借方	貸方
Ⅰ　資　産　の　部														
1．現金・預金	2,888	2,905	17				17							
2．期間3か月超の定期預金	7,000	7,360	360				360				360			
3．受取手形・売掛金(組合員)	1,509	2,039	530			㉗530	0							
4．受取手形・売掛金(員外)	1,000	980		20	㉘20		0							
5．貸付金	12,000	13,000	1,000				1,000				1,000			
6．有価証券	300	350	50				50				50			
7．棚卸資産	885	714		171	㉘171		0							
8．組合員負担分の未収金	54	60	6			㉚6	0							
9．未収収益・前払費用	13	15	2			㉛2	0							
10．貸倒引当金	△10	△12	2		③12	④10	0							
11．有形無形固定資産(共同施設)	25,839	27,643	1,804		⑤1,290 ⑥120 ⑧1,600 ㉑692 ㉒8 ㉓311	㉕3,000 ㉖2,825	0							
12．有形無形固定資産(組合会館等)	6,460	6,380		80	⑦80		0							
13．組合員施設未収金	1,900	1,660		240				240				240		
14．関係先出資金	10	30	20				20				20			
15．子会社出資金	100	120	20				20				20			
16．その他の固定資産														
17．繰延資産	30	26		4	⑨4		0							
資　産　合　計	(59,978)	(63,270)	(3,809)	(517)	(4,308)	(6,373)	(1,467)	(240)						
Ⅱ　負　債　の　部														
1．支払手形・買掛金(員外)	2,107	1,670	437			㉝437	0							
2．支払手形・買掛金(組合員)	940	930	10			㉞10	0							
3．転貸借入金	12,000	13,000		1,000				1,000				1,000		
4．短期借入金	4,600	4,924		324				324						324

A協同組合キャッシュ・フロー計算書精算表記載例

（○内数字は修正仕訳 No.）

No. 2

	貸借対照表		増　減		修　　正		修正後		事　業		設　備		財　務	
	前期末	今期末	借方	貸方	借方	貸方	借方	貸方	借方	貸方	借方	貸方	借方	貸方
5．未払金	0	3,000	3,000		㉕3,000		0							
6．子会社未払金	0	10	10		㉟10		0							
7．組合員預り金未払配当金	3,699	4,009	310				310							310
8．未払費用・前受収益	12	15	3		㉜3		0							
9．未払持分	200	100	100		⑭100		200						200	
10．未払法人税等	319	420		101	⑯103	⑰2	0							
11．その他の流動負債	0	0												
12．長期借入金(共同施設)	20,739	18,844	1,895				1,895						1,895	
13．〃（組合運営用）	5,200	4,900	300				300						300	
14．組合員長期借入金	400	500		100				100						100
15．退職給与引当金	308	355		47	⑩⑪⑫ 30 10 7		0							
16．その他の固定負債	0	0												
負　債　合　計	(50,524)	(52,677)	(2,742)	(4,895)	(3,263)	(449)	(2,395)	(1,734)						
Ⅲ　純　資　産　の　部														
1．出資金	7,800	8,300		500	⑭100			600						600
2．資本準備金	400	500		100				100						100
3．利益準備金	432	464		32	⑱32		0							
4．教育情報費用繰越金	0	0												
5．組合積立金	432	464		32	⑲32		0							
6．前期繰越剰余金	70	251		181	⑳256	⑬75	0							
7．当期純利益金額	320	614		294	①614	⑱⑲⑳ 32 32 256	0							
純　資　産　合　計	(9,454)	(10,593)		(1,139)	(934)	(495)		(700)						
負債及び純資産合計	(59,978)	(63,270)												
合　　　計			(6,551)	(6,551)	(8,505)	(7,317)	(3,862)	(2,674)						

A協同組合キャッシュ・フロー計算書精算表記載例

（〇内数字は修正仕訳No.）

No. 3

項目	損益計算書 当期	増減 借方	増減 貸方	修正 借方	修正 貸方	修正後 借方	修正後 貸方	事業 借方	事業 貸方	設備 借方	設備 貸方	財務 借方	財務 貸方
Ⅳ　収　益　の　部													
1. 加工事業収益	63,263		63,263	㉗530			62,733		62,733				
2. 金融事業収益	141		141	㉛2			139		139				
3. 販売事業収益	10,500		10,500		㉘20		10,520		10,520				
4. 賦課金等収入	13,630		13,630	㉚6			13,624		13,624				
5. 事業外収益	303		303				303		303				
6. 受取配当金	20		20				20		20				
7. 未払法人税等戻入	2		2	⑰2			0						
8. 教育情報費用繰越金戻入	75		75	⑬75			0						
9. 貸倒引当金戻入	10		10	④10			0						
10. 固定資産売却益	5		5	㉔5			0						
11. 〇〇積立金取崩	0												
12. その他の収益	0												
収　益　合　計	(87,949)		(87,949)	(630)	(20)		(87,339)						
Ⅴ　費　用　の　部													
1. 加工事業費	51,892	51,892		㉝437	㉘171 ㉟10	52,148		52,148					
減価償却費	1,290	1,290			⑤1,290	0							
退職給与引当金繰入	30	30			⑩30	0							
2. 金融事業費	139	139			㉜3	136		136					
3. 販売事業費	10,270	10,270		㉞10		10,280		10,280					
減価償却費	120	120			⑥120	0							
退職給与引当金繰入	10	10			⑪10	0							

A協同組合キャッシュ・フロー計算書精算表記載例

(○内数字は修正仕訳No.)

No.4

	損益計算書	増　　減		修　　正		修 正 後		事　業		設　備		財　務	
	当期	借方	貸方	借方	貸方	借方	貸方	借方	貸方	借方	貸方	借方	貸方
4．教育情報事業費	1,355	1,355				1,355		1,355					
5．一般管理費	18,547	18,547				18,547		18,547					
減価償却費	80	80			⑦80	0							
退職給与引当金繰入	7	7			⑫7	0							
6．事業外費用	1,551	1,551				1,551		1,551					
繰延資産償却	4	4			⑨4	0							
貸倒引当金繰入	12	12			③12	0							
7．固定資産売却損	8	8			㉒8	0							
8．特別償却費	1,600	1,600			⑧1,600	0							
9．その他の費用	0												
10．法人税等	420	420		②420	⑮317 ⑯103	420		420					
費　用　合　計	(87,335)	(87,335)		(867)	(3,765)	(84,437)							
11．固定資産売却収入					㉑692 ㉓311 ㉔5		1,008				1,008		
12．固定資産取得支出				㉖2,825		2,825				2,825			
13．法人税等支払額				⑮317		317		317					
14．当期純利益金額	614	614				614		614					
15．税引前当期純利益金額				①614 ②420		1,034		1,034					
修　正　仕　訳　計				(13,144)	(13,144)								
合　　　　計	(87,949)	(87,949)	(94,500)	(94,500)		(92,055)	(92,055)	(85,368)	(88,373)	(4,275)	(2,248)	(2,395)	(1,434)
差　　　引						(3,005)			(2,027)			(961)	

第3節　ソフトウェア会計基準

　コンピュータの発達による高度情報化社会が進展する中で、企業の経営活動におけるソフトウェアの果たす役割が急速にその重要性を増し、ソフトウェアの開発情報は、企業の経営方針や将来の収益予想に関する重要な投資情報として位置付けられるようになってきた。その結果、「財務諸表等の用語、様式及び作成方法に関する規則」が改正され、さらに日本公認会計士協会による実務指針が発表され、経済のグローバリゼーションにマッチしたソフトウェア会計基準が整備された。

1　ソフトウェアとは

　ソフトウェアとは、その機能により、基本ソフトウェアとアプリケーション・ソフトウェアの2つに分類されるが、組合会計基準でいうソフトウェアは、コンピュータに一定の仕事を行わせるためのプログラム及びシステム仕様書、フローチャートなどの関連文書を含む。

2　資産計上の基準

　企業会計においては、将来の収益獲得又は費用削減が確実である場合は、資産に計上する。ただし、税法上は将来の収益獲得又は費用削減にならないことが明らかなもののみが資産に計上しなくともよいとなっており、会計上と税務上の資産計上の判断が異なっている。すなわち、収益獲得又は費用削減が不明である場合、会計上は研究費として費用処理するが、税務上は損金処理ができないため、その差異を申告調整により処理することとなる。

3　取得価額

(1) 購入したソフトウェア

　　購入対価（引取運賃、運送保険料、購入手数料、関税その他そのソフトウェアの購入のために要した費用がある場合には、その費用の額を加算した金額）に、そのソフトウェアを事業の用に供するために直接要した費用の額を加算した金額。

(2) 自己が制作したソフトウェア

　　自己の制作に係るソフトウェアの取得価額は、そのソフトウェアの制作のために要した原材料、労務費及び経費の額に、ソフトウェアを事業の用に供するために直接要した費用の額を加算した額。この場合、その取得価額は適正な原価計算に基づき算定することになるが、法人が、原価の集計、配賦等について合理的であると認められる方法を継続して計算している場合も認める。

4　バージョンアップ費用

バージョンアップは大きく次の2種類に分かれる。

① 大部分を作り直す大幅なバージョンアップ

② 既存の機能を追加する、又は操作性を向上させるなど、それほど大幅でないバージョンアップ

①の場合、設計をはじめからやり直すなど著しい改良に該当するバージョンアップと考えられる。したがって、将来において収益獲得又は費用削減が確実でない場合は研究開発費として費用にし、確実になったと判断された以降の費用は資産に計上することになる。

②のバージョンアップは、ソフトウェアの価値を高めるため、バージョンアップに要した費用は資本的支出として資産に計上し、完成しているソフトウェアの未償却残高と合算した金額を資産に計上する。

5　利用目的による勘定科目

ソフトウェアの利用目的によって、次のように計上する勘定科目が異なる。

なお、決算期をまたいで完成する場合は、ソフトウェア仕掛品等の勘定科目を設定する。

利　用　目　的	科　　目
市場販売目的のソフトウェアの製品マスタ	無形固定資産
自社利用のソフトウェア	無形固定資産
受注制作のソフトウェア	棚卸資産
市場販売目的のソフトウェア	棚卸資産

6 耐用年数

無形固定資産に計上されたソフトウェアは、減価償却資産として取り扱われ、残存価額ゼロ、定額法により、下記のようにその目的による耐用年数で償却する。

	会計基準	税法基準
研究開発用	発生時の費用	3年の定額償却
市場販売用	3年の定額償却	3年の定額償却
自社利用	5年の定額償却	5年の定額償却

※　会計基準では見込販売数量などに基づく特別な償却方法も認めている。
　なお、「研究開発用」についてこの会計基準を採用した場合は、税効果会計を適用することが望ましい。

7 ソフトウェアの除却

市場販売目的のソフトウェアの製品マスタや自社利用のソフトウェアは、新製品の出現、陳腐化などにより、そのソフトウェアを利用することがなくなった場合、帳簿価額を除去処理する。

第4節　税効果会計

1 税効果会計の目的

税効果会計は、組合会計上の資産又は負債の額と課税所得計算上の資産又は負債の額に相違がある場合において、法人税等の額を適切に期間配分することにより、法人税等を控除する前の当期利益と法人税等を合理的に対応することを目的とする手続である。

このため、法人税等については、一時差異に係る税金の額を適切な会計期間に配分し、計上しなければならない。

2 一時差異

一時差異は、貸借対照表に計上されている資産及び負債の金額と課税所得計算上の資産及び負債の金額との差額をいう。

(1)　一時差異とは、例えば、次のような場合に生じる。

①　収益又は費用の帰属年度が相違する場合

② 資産の評価替えにより生じた評価差額が直接純資産の部に計上され、かつ、課税所得の計算に含まれていない場合

(2) 一時差異には、当該一時差異が解消するときにその期の課税所得を減額する効果をもつ「将来減算一時差異」と、当該一時差異が解消する時にその期の課税所得を増額する効果をもつ「将来加算一時差異」とがある。

(3) 将来の課税所得と相殺可能な繰越損失等については、一時差異と同様に取り扱うものとする。

3　繰延税金資産及び繰延税金負債等の計上方法

(1) 一時差異等に係る税金の額は、将来の会計期間において回収又は支払が見込まれない税金の額を除き、繰延税金資産又は繰延税金負債として計上しなければならない。繰延税金資産については、将来の回収の見込みについて毎期見直しを行わなければならない。

(2) 繰延税金資産又は繰延税金負債の金額は、回収又は支払が行われると見込まれる期の税率に基づいて計算するものとする。

(3) 繰延税金資産と繰延税金負債の差額を期首と期末で比較した増減額は、当期に納付すべき法人税等の調整額として計上しなければならない。

ただし、資産の評価替えにより生じた評価差額が直接、純資産の部に計上される場合には、当該評価差額に係る繰延税金資産又は繰延税金負債を当該評価差額から控除して計上するものとする。

4　繰延税金資産及び繰延税金負債等の表示方法

(1) 繰延税金資産及び繰延税金負債は、これらに関連した資産・負債の分類に基づいて、繰延税金資産については流動資産又は固定資産として、繰延税金負債については流動負債又は固定負債として表示しなければならない。ただし、特定の資産・負債に関連しない繰延欠損金等に係る繰延税金資産については、翌期に解消される見込みの一時差異等に係るものは流動資産として、それ以外の一時差異等に係るものはその他の資産として表示しなければならない。

(2) 流動資産に属する繰延税金資産と流動負債に属する繰延税金負債がある場合及びその他の資産に属する繰延税金資産と固定負債に属する繰延税金負債がある場合には、

それぞれ相殺して表示するものとする。
(3) 当期の法人税等として納付すべき額及び法人税等調整額は、法人税等を控除する前の当期利益から控除する形式により、それぞれに区分して表示しなければならない。

5 組合会計上の回収可能性

税効果会計における繰延税金資産は、将来、減算一時差異が解消されるときに、課税所得を減少させ、税金負担額を軽減することができると認められる範囲内でのみ計上が認められる。

すなわち、将来、減算一時差異が解消するときに課税所得が発生しなければ、課税所得を減少させることはできないのであるから、回収可能性がないものとして繰延税金資産を計上することはできない。

組合には、「収支の均衡」を目標として運営するという考え方が強く、このため回収可能性の判断に当たって重要な要素である「目標利益」を設定することには強い反対意見がある。

しかし、高度化資金などの借入金返済計画に留保利益からの借入金返済を予定するときには、組合に利益が生じるように組合員が負担する手数料・負担金の額を定めることになるので、目標利益の考え方が必要となる。

また、安定的な収益があり将来も利益計上が見込める組合もあるが、繰延税金資産は、将来、課税所得が発生することが見込めるなど、回収可能性があると判断できる組合だけに貸借対照表の資産の部に計上することが認められる。

損 益 計 算 書

円（千円）

〔費　　用〕		〔収　　益〕
税引前当期純利益金額	××	
税等		
1 法人税等	××	
2 法人税等調整額	××	
当期純利益金額	××	

貸借対照表

円（千円）

〔資　産　の　部〕		〔負　債　の　部〕	
流動資産		流動負債	
繰延税金資産	×××	繰延税金負債	×××
固定資産		固定負債	
長期繰延税金資産	×××	長期繰延税金負債	×××

剰余金処分案

円（千円）

I　当期未処分剰余金		
1　当期純利益金額	××	
2　前期繰越剰余金	××	
3　過年度税効果調整額	<u>××</u>	×××

第5節　持分会計

1　持分の算定方法

（1）持分

　　持分という語は、非出資の商工組合以外の組合の組合員が組合財産に対し共有部分として有する計算上の価額の意味に用いる場合（中協法第20条、22条）と、これを含めた組合員として有する権利義務を包括的に指す場合（中協法第15条、16条、17条、61条）の2つがある。会計上で用いる持分は、組合員が組合財産に対し共有部分として有する計算上の価額を指す。

（2）組合財産

　　組合財産の評価について、最高裁判決（昭和44年）は、組合の事業の継続を前提とし、なるべく有利にこれを一括譲渡する場合の価額、すなわち時価とするのが相当としている。組合財産の価額は、財産目録における資産の額から負債の額を控除した差引正味資産として計算される。

　　財産目録は取得原価基準で作成するが、脱退者への持分払戻計算に際しては、財産目録を時価基準で作成する。

　　時価基準で作成した財産目録は次のとおりである。

　　① 時価評価の結果、評価益を生じる場合は、時価評価をした資産の額から評価益に

対する繰延税金負債を含む負債の額を控除した差引正味資産の額が、時価評価をした組合財産の額となる。

② 時価評価の結果、評価減を生じる場合は、時価評価をした資産の額から負債の額を控除した差引正味資産の額が、時価評価をした組合資産の額となる。

この場合、評価減に対する繰延税金資産は回収可能性があると判断できる組合だけが計上できることに留意する。

(3) 持分算定方法の種類

持分の算定方法には、次の2つの方法がある。

① 改算式

毎事業年度末ごとに正味資産を出資総口数によって除し、出資1口当たりの持分を計算する方法であって、これに組合員別の出資口数を乗ずればそれぞれの持分が算定される。

② 加算式

正味資産を構成する科目別に算定基礎を別にする方法である。すなわち、出資金については各組合員の出資額により算定し、資本準備金などの資本剰余金、繰越利益金又は繰越損失金、土地等の評価損益については各組合員の出資額により事業年度末ごとに算定し、利益準備金、特別積立金及びその他の積立金などの利益剰余金については各組合員が本組合の事業を利用した分量又は出資額により事業年度末ごとに算定加算する。

(4) 脱退者への持分払戻し

脱退者への持分払戻しについては定款で定められる（中協法第20条）。

① 改算式における定款の規定例には、次の方法がある。

イ 持分全部を払い戻す方法

ロ 簿価財産を限度として払い戻す方法

ハ 出資額を限度として払い戻す方法

② 加算式における定款の規定例には、次の方法がある。

イ 持分全部を払い戻す方法

ロ 帳簿価額を限度として払い戻す方法

(5) 加入金

中協法では、加入金の意義を持分調整金だけでなく加入事務手数料も含め広く解釈

第5章　個別会計基準

している。このうち、加入事務手数料を徴収するか否かは組合の任意であり、徴収した場合、会計上は事業外収益として処理される。

　これに対して、持分調整金としての加入金は、改算式の持分算定方法を採用する場合に出資1口金額と組合財産の増加による出資1口当たり持分額との差額を調整するために徴収するものであり、会計上は資本準備金として処理される。したがって、持分調整は組合財産が増加した場合に生じるものであるから、出資金額より組合財産が減少した場合には持分の調整は生じない。

　また、加算式の持分算定方法を採用する場合は組合員ごとに持分額が計算されることから、組合員は、加入時に払い込んだ出資金だけが持分額として計算され調整を必要としないことから加入金を徴収する必要はない。持分調整金としての加入金は、出資1口当たりの持分調整金額として事業年度末の組合資産をもとに総会で決定される。

2　出資金の会計

(1) 設立

　組合の設立に当たっては組合成立前に出資第1回の払込みを行う必要があるが、出資第1回の払込みは、払込日ではなく組合成立の日（設立登記の日、中協法第30条）付で記帳する。出資第1回の払込みは、金銭出資か現物出資（中協法第29条第3項）によって行われる。また、出資第1回の払込みには、全額払込みと分割払込み（中協法第29条第2項）の2つの方法がある。

(2) 加入

　加入には、次の3つの方法がある。

① 原始加入の場合に、定款に加入金を徴収することを定めている場合には、出資金と持分調整金としての加入金を払い込むことにより加入する。

　なお、定款により加算式の持分算定方法を採用している場合は、加入金を徴収することができない。したがって、持分調整金としての加入金が多額となり、このことが新規の組合員の加入の障害となっている場合には、定款の持分算定規定を改算式から加算式に変更することを考慮する余地がある。

② 譲受加入には次の場合がある。

　イ　脱退者の持分を譲り受けて加入する。

ロ　組合員の持分の一部を譲り受けて加入する。

　　　なお、譲受加入の場合、加入手数料を徴収することはできるが、持分調整金としての加入金を徴収することができない。

　③　上記以外の加入の態様としては、相続加入がある。これは死亡した個人組合員の相続人で組合員資格を有する者が、定款で定める期間内に他の相続人の同意を得て加入の申出をした場合、相続開始のときに組合員になったものとみなされるものであり、持分調整金としての加入金、加入手数料を徴収することができない。

(3) 増資

　組合の成立後、組合員が出資を増加することを増資という。この増資の方法には、出資1口の金額を増加する方法と出資口数を増加する方法とがある。

　出資1口の金額を増加する方法をとる場合には、定款変更が必要であり、全組合員からの追加の払込みが必要となる。

　出資口数の増加による方法は純資産が増加する実質的な増資方法である。この場合には、組合員はそれぞれ引き受けた増口数の払込みを行うこととなるが、組合員間で増資前の出資口数と増資後の出資口数の割合が異なる場合には、持分の調整が必要となることから増口金（増資の場合の持分調整金）を徴収することが必要となる。

　加算式の持分規定の場合には、持分調整を要しないことから増口金を徴収する必要はない。なお、株式会社の場合は、会社法第448条で準備金から、第450条で剰余金からそれぞれ資本金に組み入れることにより増資をすることが認められているが、中協法では認められていない。これに代わる方法として加算式の持分算定の規定への変更を考慮することができる。

(4) 脱退

　脱退には、予告期間を経て事業年度の終わりに脱退する自由脱退（中協法第18条）と、組合員資格の喪失、死亡又は解散・除名などによる法定脱退（中協法第19条）の2つの態様がある。

　自由脱退の場合、脱退しようとする者は、組合に対して持分の払戻しを請求（中協法第20条）することができる。なお、他の組合員等へ持分を譲渡（中協法第17条）することによっても脱退することができるが、この場合の脱退の効力は事業年度の終わりではなく持分の譲渡が組合（理事会）で承認され当事者間で譲渡が行われた日である。

第5章　個別会計基準

(5) 減資

組合成立後、組合員が出資を減少することを減資といい、出資1口の金額を減少する方法（中協法第56条）と、出資口数を減少する方法（中協法第23条）とがある。

出資1口の金額の減少を行うには、定款の変更が必要であり、さらに債権者への公告と催告などの手続が必要である。

出資1口の金額を減少する方法には、出資金の分割払込み（中協法第29条第2項）を認めている場合に未払込出資金の払込義務を免除する方法と、組合に多額な欠損が生じている場合における組合再建策の1つとして、出資1口の金額の減少に伴い生ずる出資金減少差益によって損失てん補を行う方法とがある。

組合員は、事業を休止したり、事業の一部を廃止したなどの場合、定款の定めるところにより、出資口数の減少を組合に請求することができる。

(6) 解散、清算結了

組合は、総会の決議（中協法第62条）などにより解散する。その後、清算人による清算事務を経て残余財産の分配が行われ、清算結了となる（中協法第69条）。

清算人は就職の後、遅滞なく組合財産の現況を調査し、財産目録と貸借対照表を作成しなければならないが、出資金については、そのまま出資金として表示される。

その後、債権の取立て、債務の弁済、資産の換価、経費の支払などが行われた結果、残余財産が確定し、これをもとに組合員へ持分の分配が行われる。この時点で出資金は組合員への配分勘定である組合員勘定へ振り替えられる。

組合員勘定は、原則として、定款で定めた改算式又は加算式の方法で組合員へ分配される。分配額を出資金の部分、資本剰余金の部分、利益剰余金の部分に区分し、利益剰余金の部分については、みなし配当に対する源泉税を控除した残額を分配する。

分配後、組合員勘定は零となり、清算事務が終了する。

(7) 組織変更

① 出資商工組合から事業協同組合へ、又は事業協同組合から出資商工組合への組織変更

事業協同組合と出資商工組合は、それぞれ事業協同組合、出資商工組合へ組織変更することができる。

出資商工組合と事業協同組合はどちらも法人税法第2条第7号に規定されている「協同組合等」に該当することから、会計、税務面も組織変更前と変更はない。

② 協業組合への組織変更
　イ　企業組合から協業組合への組織変更
　　　協業組合と企業組合は、どちらも法人税法第2条第9号に規定される「普通法人」に該当することから、会計、税務面も組織変更前と変更はない。
　ロ　事業協同組合等から協業組合への組織変更
　　　事業協同組合及び事業協同小組合から協業組合への組織変更は、法人税法第2条第7号の「協同組合等」から、同条第9号の「普通法人」へ変更することとなる。事業年度の途中で組織変更した場合には、通達により組織変更年度の法人税率は、組織変更後の協業組合（「普通法人」）に対する税率が適用される。
③ 協同組合、企業組合、協業組合から株式会社への組織変更
　　協同組合、企業組合、協業組合は株式会社に組織変更することができる。また、出資商工組合は協同組合への組織変更を経て、非出資商工組合は出資商工組合への移行の後に協同組合への組織変更を経て株式会社に組織変更をすることができる。
　　株式会社への組織変更に関する会計手続は次のとおりである。
　イ　組織変更のための総会招集の通知があったとき、組織変更に反対する組合員は、書面（組織変更に反対する書面）をもって、反対の意思を通知することができる（中団法第100条の6第1項）。
　ロ　組織変更の議決後2週間以内に、議決の内容及び貸借対照表を公告する（中団法第100条の5第1項）。この場合の貸借対照表は、直近の確定決算に基づく貸借対照表とされている。また、組織変更に反対の意思表示をした組合員は、組織変更の議決を行った日から20日以内に書面（持分払戻請求書）をもって持分の払戻しを請求することにより、組織変更の効力発生日に組合を脱退することができる。脱退組合員は、定款の規定にかかわらず、持分の全部の払戻しを請求することができる（中団法第100条の6第1項、第2項）。
　ハ　組織変更の効力発生日時点の貸借対照表を作成する。この貸借対照表は、組織変更に反対し持分払戻しを請求した組合員に対する払戻持分額を計算する際に用いる。
　ニ　脱退組合員は、効力発生日に組合を脱退するが、この場合、効力発生日を事業年度末（（中団法第100条の6第1項、第3項）とみなして持分を計算する（中協法第20条第2項）。なお、計算した持分額を脱退日当日に支払うことができない

第5章　個別会計基準

　　　場合は「未払持分」として負債に計上する。

　ここまでは組織変更前の協同組合の行為であり、脱退者に対する未払持分を計上した後に作成した貸借対照表が組織変更直前の貸借対照表となる。
　組織変更後の株式会社の貸借対照表を作成する際の留意事項は次のとおりである。

○　中団法規則第97条第1項には、組織変更直前の資産及び負債の帳簿価額を組織変更することを理由に変更することはできないこと、さらに、資本金の額、資本準備金の額、利益準備金の額は、組織変更直前の組合の額としなければならない旨が規定されている（中団法規則第97条第2項第1号、第2号、第4号）。
　　このことから、組織変更計画により減少させることができるのは、その他資本剰余金とその他利益剰余金（中団法規則第97条第2項第3号、第5号）だけになるが、その他資本剰余金は組合の特殊性からあまりないため、結局はその他利益剰余金だけになることが多いと考えられる。

○　組合員への株式会社の株式又は金銭の割当ての基礎は組織変更直前の出資金額であるが、割当ての計算の結果、従来の出資金額と異なるような場合は、前述のように、その他資本剰余金がなければ、その他利益剰余金を調整する部分に用いることとなる。

○　株式又は金銭の割当ては、脱退者を除く組合員の出資口数に応じて行う（中団法第100条の7第1項、第2項）。

○　新会社の株主資本は中団法規則第97条第2項により、組織変更直前の組合の出資金額と同額にしなければならないので、例えば、株式又は金銭の割当てを行うに際して、株式を交付される者と金銭を交付される者が存在する場合に、金銭で交付する額を除いた株式交付額が組織変更後の資本金となることから、組織変更前の出資金と同額となるようにするには、その調整方法を組織変更計画において定める必要がある。

○　資本準備金の額は、組織変更の直前の組合に加入金があれば、加入金の額と同額とする。

○　その他資本剰余金の額は、出資金減少差益、増口金があれば、その額から組織変更計画に基づき組合員へ割り当てた株式又は金銭の割当ての際に生じた調整額

○ 利益準備金の額は、組織変更直前の利益準備金の額と同額とする。
○ その他利益剰余金の額は、特別積立金、その他任意積立金、繰越利益があれば、それらの合計額から組織変更計画により組合員への新会社の株式又は金銭の割当ての際生じた調整額を減少した額となる。

第6節　減損会計

1　減損会計の目的

時価会計においても、組合所有資産の時価評価額から算出した組合の正味資産を財産目録に注記するよう定めているが、各資産についての評価減を表示することは任意としてきた。中協法規則第129条第3項第2号により減損損失を認識すべき資産については、そのときの取得原価から相当の額を減額した額を会計帳簿に付すことが規定されている。

2　減損会計の方法

減損会計は、組合資産の市場価格が著しく下落し、回収可能価額を著しく低下させる変化が生じた場合、又は組合事業の環境が著しく悪化するなど組合事業活動から生じる損益又はキャッシュ・フローが継続してマイナスになる場合に減損損失を認識するかどうかの判定を行い、減損損失が認識された場合に減損損失を決算関係書類に表示する。

3　資産グルーピングが可能な場合

組合が多数の資産を所有し、資産グループごとに減損を判定できる場合は、減損を判定できる単位ごとに資産のグルーピングを行う。この場合、本部資産（土地・建物）については共有資産とするが、本部資産となっている建物の一部が事業用に使用されている場合は、共用資産は残余部分となる。

4　組合資産が物理的な1つの資産である場合

組合資産が物理的な1つの資産でも、例えば、組合会館の1、2階を賃貸用として長期・継続的に外部に賃貸し、3、4階を組合事務所、会議室として使用する場合には、

2つの資産と考えることができる。

次に組合事業として各種の経済事業、非経済事業を実施している場合でも、組合事務所は1か所であり、会議室もそれぞれの事業で使用しているが、この場合、組合事務所、会議室は組合事業全体の共有資産と考えることができる。

組合会館を取得する場合に、組合会館を事業の用に供し、その事業収益により資金回収をするという一面と、組合会館を組合運営の中心として、組合員同意の下に取得し、その資金は組合員が拠出するという一面がある。

後者の場合に組合員の拠出は、組合会館建設負担金として、組合員が費用として処理するケースと、組合員は出資金として持分を保有するケースがある。

組合会館を事業の用に供し、その事業収益により資金回収する場合及び組合員からの組合会館建設負担金収入により資金回収をする場合で、事業活動によるキャッシュ・フローが継続してプラスになっている間は、減損の兆候は生じない。

組合会館建設資金を組合員からの出資金で賄っている場合は、財務活動によるキャッシュ・フローではプラスになるが、事業活動によるキャッシュ・フローがマイナスになるケースが生じる。このような場合で資産の回収可能価額が、資産の帳簿価額を下回る場合には、減損損失を認識するかどうかの判定をする必要がある。

5 減損損失の認識と測定

減損損失の算定手順は次のとおりとする。

① 兆候の識別

資産、資産グループについて、組合が通常入手可能なタイミングで次の事象が把握された場合には、減損の兆候を識別して減損損失の認識の判定を行う。

事業活動から生じる損益が継続してマイナスの場合

回収可能額を著しく低下させる使用方法の変更（発生の都度判定）

経営環境の著しい悪化（発生の都度判定）

市場価格の著しい下落

② 認識の判定

前記①において、減損の兆候を識別した資産又は資産グループは、将来キャッシュ・フローの計数を基に減損の認識を行う。この場合、将来キャッシュ・フローの総額が各々の帳簿価額を下回る時は、減損損失を認識する。

・資産又は資産グループ

　将来キャッシュ・フローの見積期間は、主要な資産の経済的耐用年数と20年間のいずれか短い期間とし、将来キャッシュ・フローの総額は「見積期間の税引前当期純利益」に見積期間経過後の「資産の最終処分価額」を加算して算出する。

・共用資産

　共用資産については、当該資産を共用する資産グループをすべて含んだより大きい単位で、その生成されるキャッシュ・フローを用いて上記に準じて行う。

③　減損損失の測定

　資産、資産グループについて、減損損失を認識した場合には、次により回収可能価額を算定し減損損失の測定を行う。回収可能価額は、原則として使用価値とする。使用価値は、認識時に見積もった将来キャッシュ・フローと、正味売却額のいずれか高い金額とする。正味売却額は、現在の売却額から処分費用見込額を控除した金額とする。

④　減損損失を認識すべきと判定された組合資産は、帳簿価額を回収可能価額まで減額し、当該減少額を減損損失として当期の損失とする。

6　減損処理後の会計処理

　減損処理を行った資産については、減損損失を控除した帳簿価額に基づき減価償却を行う。減損損失の戻入は行わない。

7　財務諸表における開示

　減損処理を行った資産の貸借対照表における表示は、原則として減損処理前の取得価額から減損損失を直接控除し、控除後の金額をその後の取得原価とする形式で行う。ただし、当該資産に対する減損損失累計額を取得原価から間接控除する形式で表示することもできる。減損損失の損益計算書における表示は、原則として特別損失とする。

　重要な減損損失を認識した場合には、減損損失を認識した資産、減損損失に至った経緯、減損損失の金額、資産のグルーピングの方法、回収可能価額の算定方法等の事項について注記する。

第7節　リース会計

1　リース資産の会計処理

リース取引にはファイナンス・リース取引とオペレーティング・リース取引の2種類がある。国際会計基準では、ファイナンス・リース取引は、通常の売買取引にかかわる方法に準じて会計処理を行い、オペレーティング・リース取引は賃貸借処理を行うこととされている。

(1) ファイナンス・リース取引

ファイナンス・リース取引とは、次の2つの要件を満たすリース取引をいう。

① 中途解約不能であること

リース期間の途中で契約解除ができない取引又はリース代金のほぼ全額を支払わないと解約できない取引であること。

② フルペイアウトであること

借手がリース物件からもたらされる経済的利益を実質的に享受することができ、かつ、リース物件の使用に伴い生じるリース料が、購入したのと同等とみなされるもの。

なお、ファイナンス・リース取引には所有権が借手に移転する取引（所有権移転ファイナンス・リース取引）と、所有権が借手に移転するもの以外の取引（所有権移転外ファイナンス・リース取引）の2つの取引形態がある。

ファイナンス・リース取引は、上記の2つの要件を満たしていれば、所有権が借手に移転していても、していなくても、実質的にはリース会社から資金を調達し、リース物件を購入し、融資資金の返済をリース料という名目で返済している取引とみなすことができる。そのため、ファイナンス・リース取引は、売買処理の会計処理を行う。

(2) オペレーティング・リース取引

ファイナンス・リース取引以外の取引をいう。すなわち、解約可能な取引やフルペイアウトでない取引はすべてオペレーティング・リース取引である。この場合の会計処理は賃貸借処理となる。

2 リース会計の現状

　我が国の税法では、所有権移転外ファイナンス・リース取引について、所有権が貸手にあるので、ある一定の要件を満たしている場合は、リース料を損金として賃貸借処理することを認めている。そのため、所有権移転外ファイナンス・リース取引について、我が国の多くの企業では賃貸借処理を採用しており、国際会計基準からは受け入れ難い会計処理を採用しているという批判がある。

取引の分類		借手　（ユーザー）	貸手（リース会社等）
ファイナンス・リース取引	所有権移転	売買処理（物件を資産計上）（物件購入・債務支払）	売買処理（物件売却・債権回収）
	所有権移転外	原則：売買処理 例外：賃貸借処理及び注記	原則：売買処理 例外：賃貸借処理（物件を資産計上）
オペレーティング・リース取引		賃貸借処理	賃貸借処理（物件を資産計上）

3 会計処理の方法

(1) 通常の賃貸借に準じた会計処理（賃貸借処理）

　① 貸借対照表

　　借手　リース資産及びリース債務がオフバランス（貸借対照表に計上されていない）となっており、資産・負債が正しく計上されていない貸借対照表となっている。

　　貸手　リース物件をリース資産（貸与資産）として計上する。

　② 損益計算書

　　借手　リース料を支払時に支払リース料として費用計上する。

　　貸手　借手から受け取るリース料を受取リース料として営業収益に計上する。
　　　　　リース資産の減価償却費を計算し、リース原価として計上する。

(2) 売買に準じた会計処理

　① 貸借対照表

　　借手　リース期間にわたるリース総額をリース債務として負債計上し、リース物件を資産計上する。

　　貸手　リース債権を計上する

② 損益計算書
　借手　支払リース料をリース債務残高にかかわる支払利息とリース債務（元本）の支払として処理し、リース資産の減価償却費を計算する。
　貸手　受取リース料をリース債権残高にかかわる受取利息とリース債権（元本）の回収として処理する。

4　リース取引に関する注記

　所有権移転外ファイナンス・リース取引において、賃貸借処理をしている場合は、未経過リース料相当額などが貸借対照表に計上されていないため、適正な財務状態が開示されておらず、何らかの補足情報の提供が必要とされる。会社計算規則第139条で、所有権移転外ファイナンス・リース取引につき、借り手が通常の貸借処理に準じた会計処理を行っている場合には、リース物件に関する事項を注記することとされている。記載すべき内容については条文では明記されていないが、下記の例のような注記でよいとされている。

　例示　重要なリース取引の処理方法
　　　　リース物件の所有権が借主に移転すると認められるもの以外のファイナンス・リース取引については、主として通常の賃貸借取引に係わる方法に準じた会計処理によっております。

　また、同条では、注記として記載してもよい事項として、次の4つをあげている。
　① 当該事業年度の末日における取得原価相当額
　② 当該事業年度の末日における減価償却累計額相当額
　③ 当該事業年度の末日における未経過リース料相当額
　④ その他、当該リース物件にかかわる重要な事項

　中協法規則では注記に関する規定はないが、企業会計基準をしん酌し、重要なリース取引については、会社法同様、リース取引に関する注記が必要とされる。なお、我が国の企業会計原則も、国際会計基準の会計処理を採用することに伴い、平成19年度の税制改正で平成20年4月1日以降の所有権移転外ファイナンス・リース取引については、賃貸借処理が廃止され、リース期間定額法で減価償却することになる。

第6章　管理会計

第1節　財務会計と管理会計

　組合会計は一般に行われている会計を特に財務会計と名付けることがある。一般に行われている会計というものは複式簿記に基づいて以下のように行われるからである。すなわち、取引を仕訳して記帳を行い、次いで決算を行い、さらにまとめとして財務諸表を作成する手続であるから、この一連の手続を財務会計とよんでいる。

　周知のように、組合会計によって作成された財務諸表は組合の損益計算書によって、経営成績を明らかにするばかりでなく、貸借対照表によって組合の財政状態が明らかになり、組合運営の健全性及び安全性等も測定できるのである。

　従来、組合会計について会計監査は主に内部監査によって行われてきていたが、中協法等の改正により組合員の多いところでは監事のうち1名以上は員外監事を置くことが義務付けられた。員外監査にまで監査制度が発展してくると、その監査の受入準備をしておくことが組合会計に求められてくるのである。

　したがって、組合会計は内部監査及び外部監査の受入れをスムースにするように利益計画や資金計画はもとより内部統制などを含めた管理会計を導入しておく必要が生じてきている。

第2節　利益計画と資金計画

1　利益計画の内容

　低成長時代における利益計画は、売上高が鈍化しやすいので、売上高を高めるために、次のような努力が必要である。
- 売上の数量を増大させる努力

- 消費者のニーズに応じて品質を高めることにより、売上価格を増大させる努力

また一方、人件費をはじめとし、交通費、電気、ガス、水道料等、費用がどのようになるかという観点からの分析が必要となってくる。その点から次の2つの努力を考えの土台としなければならない。

- コストアップ（費用の上昇）が避けられないが、これを節減する努力
- 従来の企業の体質そのものを改善する努力

上述のように利益計画は、売上高の上昇の計画と特に固定費用の節減の計画の組合せとなるのである。これを経営数学で示すと次のようになる。

すなわち、企業は資本利益率を高めなければならないから、次のように分母に資本をおき、分子に利益をおき、この比率を増大させることである。

$$\frac{利益}{資本} \text{の比率を高める。}$$

この式の分母、分子に売上高を乗じると次のようになる。

$$\frac{売上高}{資本} \times \frac{利益}{売上高}$$

$\dfrac{売上高}{資本}$ は資本回転率であり、また $\dfrac{利益}{売上高}$ は売上高利益率である。

したがって、資本回転率と売上高利益率の両者を高める必要がある。

利益は売上高から費用を差し引いたものであるから、この式はさらに次のように展開される。

$$= \frac{売上高}{資本} \times \frac{売上高-費用}{売上高}$$

$$= \frac{売上高}{資本} \times \left(1 - \frac{費用}{売上高}\right)$$

したがって、売上高の上昇と費用の節減が経営の鍵であり、これらを達成する新しい

時代の経営計画が必要となる。

しかし、一方、利益計画には資金の裏付けがなければならない。すなわち財務の流動性—具体性には資金ショートを防ぐこと—を確保する経営でなければならないから資金の計画が利益計画の裏側に必要となる。

この資金の計画は当面の資金の安全性を検討する面と1年後、2年後の資金の状況をとらえる長期資金の安全性との2面からとらえねばならない。資金計画は長期資金計画と短期資金計画の総合であり、それらが利益計画を可能ならしめることとなるから次のようにまとめられる。

```
利益計画 ┬ 狭義の利益計画 ┬ 利益計画
         │                └ 費用計画
         └ 資　金　計　画 ┬ 長期資金計画
                          └ 短期資金計画
```

ここで利益とは次の3つの内容をもつ点に注意し、その処分には内部留保を十分に考慮しなければならない。

① 企業の努力に対する報償

② 不測の危険に対する保障

③ 発展更新に対する準備

2　売上高の分析による利益計画

低成長時代の売上高増大の対策として、次の計画がたてられる。

① 新しい消費者への売上の増大

② 売上地域の拡大による売上の増大

③ イメージアップによる売上の増大

④ 新製品の開発による売上の増大

⑤ 販売価格の値上げによる売上の増大

これらの計画によって、売上高を増大させなければいけないが上述の①〜⑤の1つをとるというのではなくて、それらをできるだけ組み合わせて売上高の増大を計画しなければならない。

第6章 管理会計

次に売上高の増大によって費用の増大をどのように吸収して利益を獲得することができるかという問題がある。費用については、管理会計上では次の2つに分類する。

　　固定費　Fixed cost

　　変動費　Variable cost

(1) 操業度と原価

　　企業の製品の生産量は常に一定しているわけではなく、時に変動することがある。経営の製造活動の程度を表すものを操業度（Operating grade）という。言い換えれば経営の生産能力（Capacity）の利用度のことである。操業度は製品の生産量や直接労働時間あるいは機械運転時間で表される。これを絶対操業度という。操業度は、あらかじめ決められた基準生産量に対する実際生産量の比率で示すのが普通である。例えば1ヵ月の基準操業度が500機械運転時間である場合、これに対して、今月の実際操業度が400機械運転時間であるならば比率は400hrs÷500hrs＝80％となり、このときの操業度（これを相対的操業度という）は80％であるという。

(2) 固定費と変動費

　　原価は操業度の変化に応じていろいろの影響を受けやすい。操業度の変化と無関係に一定して発生する原価を固定費（Fixed cost）という。例えば、機械設備の減価償却費及び固定資産税、火災保険料、地代、工場長や技師等の俸給等がある。操業度の増加・減少に伴って増加・減少するものを変動費（Variable cost）という。操業度の増加・減少に正比例して増加・減少する原価を比例費（Proportional cost）という。主要材料費・出来高払賃金等がそれであるが、変動費は操業度の変化に正比例しないものが多い。操業度の上昇につれて割安となるものを逓減費（Degressive cost）といい、燃料費、補助材料、消耗工具備品等がそれである。また、反対にしだいに割高となるものを逓増費（Progressive cost）といい、超過勤務に対する割増手当、仕損じ費の増加等がそれである。変動費にはこれらのほかに飛躍費（Sprungskosten）又は不規則変動費というものがある。

　　以上をまとめると次にように分類される。

第 6 章　管理会計

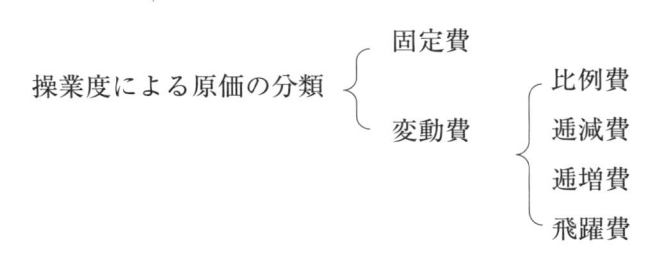

$$
\text{操業度による原価の分類} \begin{cases} \text{固定費} \\ \text{変動費} \begin{cases} \text{比例費} \\ \text{逓減費} \\ \text{逓増費} \\ \text{飛躍費} \end{cases} \end{cases}
$$

操業度の変化による利益と損失の発生を示すと下図のようになる。

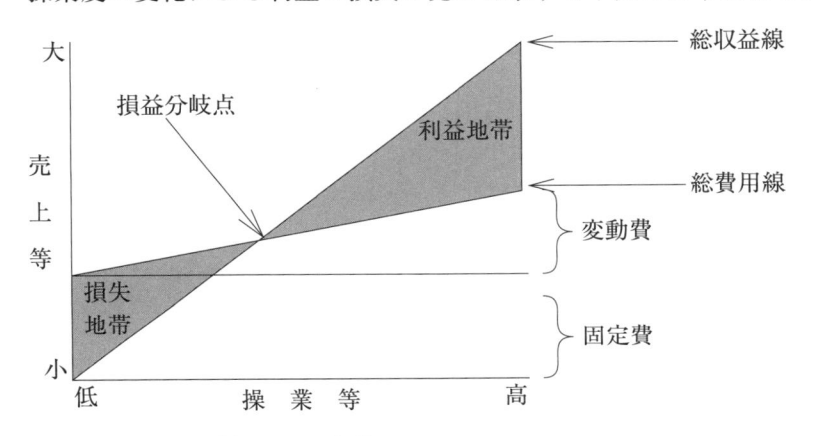

(3) 管理可能費と管理不可能費

　原価管理（Cost control）上、特定の管理者が直接管理し得る原価を管理可能費（Controllable cost）という。例えば動力の消費において計量器の備えがあれば無駄の有無がわかり、また消耗品の使用量も管理が可能である。管理不可能費（Uncontrollable cost）とは特定の管理者が直接管理し得ないものをいう。例えば、過剰な設備能力（Over-capacity）を持っているために過大な減価償却費が発生する場合、この遊休設備費は担当者にとっては管理不可能である。しかし、この過大の減価償却費も経営者が適正な設備を調達すれば発生しなかったのであるから経営者にとっては管理可能費である。したがって、同一の原価費用でも管理者の階層によって管理可能費となったり、管理不可能費になったりする。

3　費用節減による利益計画

　売上高の上昇を求めるためには、すぐれた新製品の開発によることが最も望ましい方式であるが、低成長下においては、費用の削減努力が必要である。
　固定費の節約については、人件費が固定費である面を見落としてはならない。しかも、以下の人件費は昭和30年代から昭和40年を経て今日までのうちに、所得倍増政策の

結果を受けて2倍から数倍に増大している。

　　　　役員報酬　　　役員賞与
　　　　給料手当　　　賞　　与
　　　　賃金手当　　　賞　　与

　我が国の役員報酬及び賞与は欧米先進国と比較して、一般に低いといわれており、大きな働きと責任の重い割合に低いところにあるといえる。

　給料手当、賞与で考えるべきことは、それらのほとんどが固定費であるだけに、経営に与える影響は大きく、したがって、人数の削減を図る必要がある。

　しかし、パートタイムの従業員を導入することによって、固定費を変動費とすることができるので、このための研究と努力が必要である。

　また、仕事量の変化がもし、季節的であるならば、その仕事量の多い時期には、パートタイムによる変動費的給与により解決すべきであり、経営としては、いやしくも常勤の人員増としてはならない。賃金手当についてもこのことはいえる。

　残業の割増分について考えるならば、残業を廃止する方向へ進むべきことである。労働の生産性は一般に次式で求められている。

$$労働の生産性 = \frac{付加価値}{従業員数} = \frac{設備}{従業員数} \times \frac{付加価値}{設備}$$

$$= 労働装備率 \times 設備資本の生産性$$

$$= 労働装備率 \times \frac{売上高}{設備} \times \frac{付加価値}{売上高}$$

$$= 労働装備率 \times 設備資本回転率 \times 付加価値率$$

　したがって、労働装備率、設備資本回転率及び付加価値率についてそれぞれを高める方向へ経営をシフトしなければならないのである。

　その結果、最も求められるのは少数精鋭主義なのである。

　次いで商品、製品の在庫費用の引下げを図らなければならない。

　材料費の節減については、歩留りの管理と材料購買の管理が求められ、特にVA（Value analysis）が必要である。

4　資金計画

　利益計画を目標どおりに達成するためには、財務の流動性を損なわないようにしなけ

ればならない。ここに資金計画が必要となってくる。資金計画は、次のように資金の調達計画と資金運用計画からなるものである。

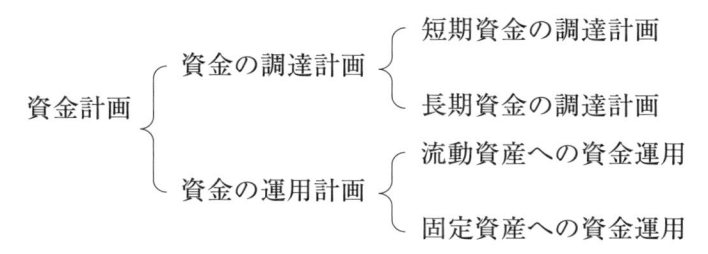

$$
資金計画 \begin{cases} 資金の調達計画 \begin{cases} 短期資金の調達計画 \\ 長期資金の調達計画 \end{cases} \\ 資金の運用計画 \begin{cases} 流動資産への資金運用 \\ 固定資産への資金運用 \end{cases} \end{cases}
$$

　このように、資金の調達計画は、短期資金の調達計画と長期資金の調達計画からなり、その運用については、流動資産への運用計画と固定資産への運用計画からなるのであり、それらの資金の調達と運用の相互の関係を適切にして、財務の円満な流動性を図らなければならない。この場合、大切なことは、経営計画の期間における総資本の額の最小を求めて節約を図り、資本回転率を高めることである。かくして、次のように利益計画との関係において資金計画と利益計画が総合的に計画される。

$$
\frac{収　益}{総資本} \times \frac{利　益}{収　益}
$$

　資金計画にあっては、財務の流動性の維持という大目的をもちながらも、それによって利益計画に基づく収益性の実現を阻止するようなことがあってはならないから、総資本の最小を同時に計画しなければならない。

第 3 節　事業別会計における予算統制

1　事業別会計における予算統制

　組合会計における財務諸表の作成ということは、その組合の過去 1 年間の経営活動を評価し、収支予算書、貸借対照表及び損益計算書等の財務諸表を作成することである。

　しかし、組合は将来に向かっても収益性・健全性ないし安全性の観点から会計を行う必要があり、ここに予算会計の領域が生じてくる。

　そこでは、予算統制（Budgetary control）とよばれる管理会計の手法が使用される。この方法によれば予算統制とは、組合において予算を設定し、それを経営者の管理要具として、将来の一定期間における活動を方向付けるものであり、その活動を調整し、統制することを意味する。

第6章　管理会計

したがって、予算統制は、将来の一会計期間を一予算期間とし、その期間における経営活動を収益、費用並びに資産、負債及び純資産という全側面から総合的にとらえていくところに特徴がみられる。この計画は収益計画と流動性計画となって現れてくるのである。

2　予算統制の機能

このように予算統制は、組合の全経営活動を総合的にとらえるものである。しかし、その予算統制が、個々の組合活動に具体的に現れてくる場合には、それぞれ実施する事業部の責任単位に組み込まれなければ統制の効果が薄められてしまう。

したがって、組合における事業部の責任において予算統制がなされねばならず、予算の制度というものはこの意味において、責任会計（Responsibility accounting）とよばれる面をもっている。以上を総合して予算統制は次の3つの機能をもっているのである。

① 計　　画（Planning）
② 調　　整（Co-ordination）
③ 統　　制（Control）

これらの機能は利益計画に基づいて行われるときに有効なものである。特に予算統制の第1の機能である計画は、利益計画→収益計画→費用計画という具体的計画となり、事業部単位にそれらがなされなければならない。

非営利事業にあっては、事業目的達成のための支出予算が収入予算に先行し、それを円滑に進行させるために収入予算が作成される。

一方、企業にあっては目標利益を達成するための販売計画から販売予算が作成され、次いで原価及び費用の予算が作成される。しかし、利益計画は、企業の安全性及び支払能力などを十分に考慮しつつ、展開しなければならないので、ここに資金計画による資金繰り及び資金運用の予算が作成される。

3　利益管理

利益計画（Profit planning）は、企業の経営者が将来の経営活動において達成しようとする利益の予定をどのように達成するかもくろむことである。

そこでは利益を予定し、収益を見積もり、費用を見積もり、これらの予定と経営活動

第6章　管理会計

の実績とそれらを比較して、実績を評価する。

このように利益計画は利益統制（Profit control）を伴うものであり、それらが総合されて利益管理とよばれる。

すなわち、

$$\text{利益管理} \begin{cases} \text{利益計画} \\ \text{利益統制} \end{cases}$$

となる。

企業会計上、利益は収益マイナス費用の差額概念であるが、利益計画にあっては、収益の計画から利益を差し引いて残額を費用とし、費用計画をたてる必要がある。

すなわち、収益計画－費用計画＝予定利益ではなくして、収益計画－予定利益＝許容費用（Allowance expense）となる。

利益計画においては、資金の流動性を損なわないようにしながら、次式のような資本利益率を最大ならしめるようにしなければならない。

$$\text{経営資本利益率} = \frac{\text{営業利益}}{\text{経営資本}}$$

$$= \frac{\text{売上高}}{\text{経営資本}} \times \frac{\text{営業利益}}{\text{売上高}}$$

$$= \text{経営資本回転率} \times \text{売上高利益率}$$

この式において、まず経営資本回転率を高めるために、企業は次式の資本回収点を低くする必要がある。

$$\text{資本回収点 (Capital turnover point)} = \frac{\text{固定的資本}}{1 - \dfrac{\text{変動資本}}{\text{売上高}}}$$

企業が組織として行動する限り、各部門活動が有機的に統一されるように体系化するとともに予算と実績の比較・評価が求められる。このために内部統制システムを導入する必要がある。アメリカにおいては、内部統制とは「企業の資産を保護し、その会計資料の正確性と信頼性とを照査し、さらに経営能率を増進し、また定められた諸経営政策の遵守を促進するために、企業内部において採用された組織、計画及びあらゆる調査方法と調整手段を含むものである。」と主張されている。

第6章　管理会計

第4節　組合コンピュータ管理

1　基本的考え方

　情報化社会の急速な進展は、あらゆる分野でコンピュータを身近なものとしており、組合としても、限られた人材、資金等の中で多様な日常業務を的確に実施していくためには、コンピュータを有効に活用することが求められる状況となっている。

　しかし、コンピュータを導入すればすべてうまくいくというのではない、というよりも、導入したが使いこなせなかったという事例があまりにも多いという現状でもある。

　組合がコンピュータを導入する場合には、事前に必要性、目的、効果、運用体制、導入手続等を十分検討することが必要であり、これが成功のポイントといっても過言ではない。

　組合のコンピュータ化にはおおむね次の段階が考えられる。

　　第1段階　組合の事務局定型業務のコンピュータ化
　　　　　　組合事務局が日常実施する、組合員管理、出資金・割賦金等管理並びに組合会計事務等のコンピュータ活用
　　第2段階　組合共同事業のコンピュータ化
　　　　　　組合が行う共同購買事業、共同販売事業等経済事業及び教育情報事業、福利厚生事業等非経済事業のコンピュータ活用
　　第3段階　組合のデータベースの構築
　　　　　　組合が入手、把握する組合員にとって有効な情報の体系的蓄積・提供
　　第4段階　組合情報ネットワーク化
　　　　　　組合員とその取引先等間における受発注業務、組合員への各種情報提供等のためのコンピュータオンラインシステムの構築

　なお、将来的に組合として上記各段階のどこまで考えるのか、当初から十分に留意しておく必要がある。

2　組合会計事務のコンピュータ化

　組合がコンピュータを導入して会計事務処理を実施するまでの作業手順は、おおむね次のとおりである。

(1) 目的・方法の明確化

　組合会計事務のコンピュータ化が、何を目的にしているのか明確にしておく必要がある。例えば、事務量の増大を抑制することが主眼なのか、それとも処理の正確性、あるいは経営管理の高度化をめざすのか等である。これが、不明瞭なままでは、コンピュータの導入はかえって組合会計事務に混乱を来すことになりかねない。

(2) 適用業務範囲の決定

　コンピュータによってどこまでの処理を行うのか、目的・方針に基づき十分検討する必要がある。例えば市販のソフトを利用するような場合、安易にすべての機能を利用しようとするとかえって組合会計事務に負担が生じることとなり、導入効果を阻害する要因ともなり得る。

(3) 現状業務の分析

　組合会計事務をコンピュータ化するためには、現状の会計事務がどのように実施されているのか、どこに問題点があるのかを的確に把握しなければならない。この作業を実施しなければ、コンピュータ化しても会計事務の流れは現状のままとなり、合理化にはつながらないケースが多い。具体的には、業務処理フロー図を作成して分析することが望ましい。

第7章　監査制度

第1節　内部監査と外部監査

　管理会計と会計監査は密接な関係にある。欧米では20世紀にすでに実施されているものであるが、我が国の組合会計では監事による監査がその主流であった。
　一般に監査は次のように分類される。

```
分類その1                    分類その2
        ┌ 業務監査                  ┌ 内部監査
   監査 ┤                      監査 ┤
        └ 会計監査                  └ 外部監査
```

　組合の監事による監査は、これまでは、信用協同組合の監事を除き、その1の分類では会計監査を担当するものであったが、平成19年度の組合法等の改正により、原則として、業務監査が追加された。また、その2の分類では、共済事業を実施する一定の組合に対しては外部監査が適用される場合があるが、原則として内部監査のみが適用される。

第2節　監査基準

　監査は会計の中でも最高高度のものであり、一般に欧米ではCPA（公認会計士）クラスの実力のある者が担当している。我が国では太平洋戦争後このCPAの制度を導入し、昭和31年に当時の大蔵省から次のような文章が公表されている。
　「監査基準は、監査実務の中に慣習として発達したもののなかから、一般に公正妥当と認められたところを帰納要約した原則であって、職業的監査人は、財務諸表の監査を行うに当り、法令によって強制されなくとも、常にこれを遵守しなければならない。
　監査基準は、監査一般基準、監査実施基準及び監査報告基準の3種に区分する。監査一

第7章　監査制度

般基準は、監査人の適格性の条件及び監査人が業務上守るべき規範を明らかにする原則であり、監査実施基準は、監査手続の選択適用を規制する原則であり、監査報告基準は、監査報告書の記載要件を規律する原則である。
　監査に関してかかる基準を設定する理由は、次のとおりである。
(1)　監査は、何人にも容易に行い得る簡単なものではなく、相当の専門的能力と実務上の経験とを備えた監査人にして初めて、有効適切にこれを行うことが可能である。また、監査は何人にも安んじてこれを委せ得るものではなく、高度の人格を有し、公正なる判断を下しうる立場にある監査人にして初めて、依頼人は信頼してこれを委任することができるのである。したがって、監査人の資格及び条件について基準を設けることは、監査制度の確立及び維持のために欠くべからざる用件である。
(2)　監査を実施するに当り、選択適用される監査手続は企業の事情により異なるものであって、一律にこれを規定することは不可能であり、監査人の判断にまつところが大である。しかしながら監査の能力と経験は個々の監査人によって差異があるから、一切をあげて監査人の自由に委ねることは、必ずしも社会的信用を勝ちうるゆえんではない。それと同時に、また監査の実施に関して公正妥当な任務の限界を明らかにしなければ、徒に監査人の責任を過重ならしめる結果ともなる。したがって、監査に対する信頼性を高めると共に、任務の範囲を限定するために、監査人の判断を規制すべき一定の基準を設けて、これを遵守せしめることが必要である。」

以上の監査基準の定義に基づいて具体的に次のようにまとめられている。

監査基準 ┳ 第1　一般基準……監査全般に関する基準である。
　　　　 ┣ 第2　実施基準……監査の実施に関する基準であるが、これを受けて監査実施準則が定められている。
　　　　 ┗ 第3　報告基準……監査の報告に関する基準であるが、これを受けて監査報告準則が定められている。

監査基準　第1

1　企業が発表する財務諸表の監査は、監査人として適当な専門的能力と実務経験を有し、かつ、当該企業に対して独立の立場にある者によって行われなければならない。

第7章　監査制度

2　監査人は、事実の認定、処理の判断及び意見の表明を行うに当たって、常に公正不偏の態度を保持しなければならない。

3　監査人は、監査の実施及び報告書の作成に当たって、職業的専門家としての正当な注意を払わなければならない。

4　監査人は、業務上知り得た事項を正当な理由なく漏えいし、又は窃用してはならない。

監査基準　第2

1　監査人は、十分な監査証拠を入手して、財務諸表に対する自己の意見を形成するに足る合理的な基準を得なければならない。

2　監査人は、適切な監査計画に基づいて、組織的に監査を実施しなければならない。

3　監査人は、内部統制の状況を把握し、監査対象の重要性、監査上の危険性その他の諸要素を十分に考慮して、適用すべき監査手続、その実施時期及び試査の範囲を決定しなければならない。

監査基準　第3

1　監査人は、財務諸表に添付して公表される監査報告書に、実施した監査の概要及び財務諸表に対する意見を明瞭に記載しなければならない。

2　財務諸表に対する意見の表明は、財務諸表が企業の財務状態、経営成績及びキャッシュ・フローの状況を適正に表示しているかどうかについてなされなければならない。

3　監査人は、自己の意見を形成するに足る合理的な基礎が得られないときは、財務諸表に対する意見の表明を差し控えなければならない。

4　監査人は、企業の状況に関する利害関係者の判断を誤らせないようにするため、特に必要と認められる重要な事項を、監査報告書に記載するものとする。

このような3つの基準を受けて定められた準則は企業会計原則の改訂と相前後してたびたび改訂が行われ、平成10年に現行の公認会計士又は監査法人による監査となった。

第3節　内部統制組織

　経営体内部で管理を目的として組織を統制する制度が内部統制組織である。
　すなわち内部統制とは、企業の資産を保全し、会計記録の正確性と信頼性を確保し、かつ経営活動を総合的に計画し、調整し、評定するために経営者が設定した制度・組織・方法及び手続を総称するものである。
　内部統制組織の中には、これら複数の目的を達成するために、不正・誤謬の発見防止のための自己検証機能をもつ内部牽制組織と、内部統制の諸制度・組織・方法及び手続が有効に機能しているかを管理するための内部監査組織とが組み込まれている。
　これらの関係を図示すると次のようになる。

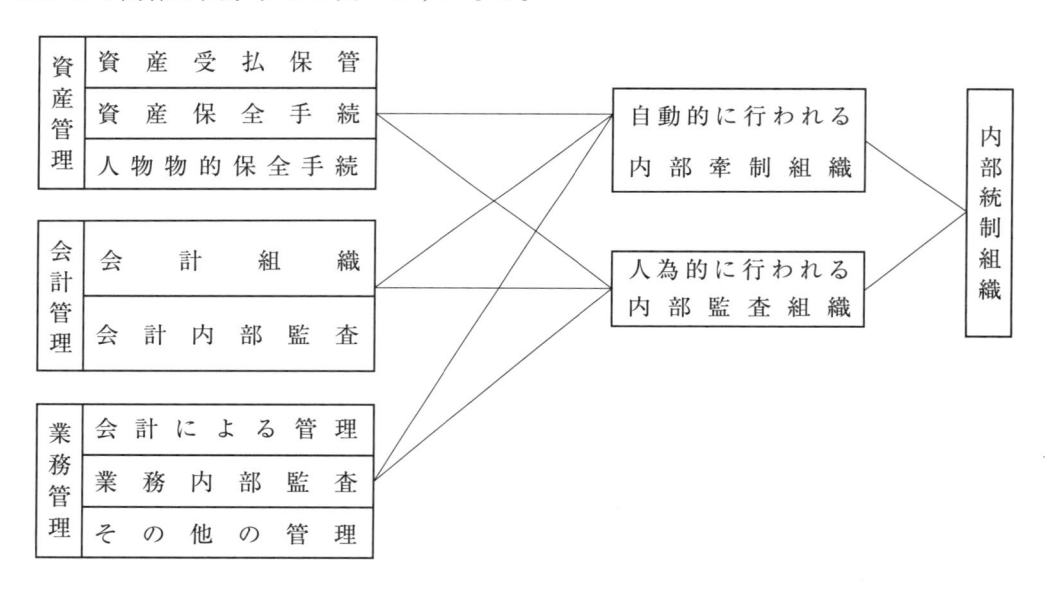

資産管理	資産受払保管 / 資産保全手続 / 人物物的保全手続	→	自動的に行われる内部牽制組織	→	内部統制組織
会計管理	会計組織 / 会計内部監査	→	人為的に行われる内部監査組織	→	
業務管理	会計による管理 / 業務内部監査 / その他の管理				

1　内部牽制組織

　1つの事務又は作業を1人の人物の絶対的支配下におくのではなく、複数の人物や物をかかわらせ、相互牽制により自動的に業務上の正否を検証させ得るように経営管理システムを構築しなければならない。このような「内部牽制」を加味した組織、制度、方法及び手続などを含めて内部牽制組織という。
　内部牽制組織は、具体的にどのようにして自動的に正否を検証するのかをみてみる。
　まず内部牽制組織は、人的（知的）内部牽制組織と物的内部牽制組織に分類すること

ができる。

```
人的内部牽制組織 ┬ 直列的内部牽制組織
                └ 並列的内部牽制組織
物的内部牽制組織 ┬ 物理的内部牽制組織
                ├ 機械的内部牽制組織
                └ コンピュータ内部牽制組織
```

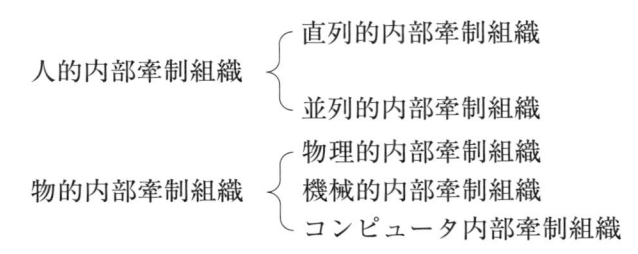

(1) 人的（知的）内部牽制組織

　人的（知的）内部牽制組織は、人間の知的能力による内部牽制組織のことをいう。ここでの目的は不正及び誤謬を発見したり防止することにある。

　直列的内部牽制組織は以下のような形になる。

　　作業単位　→　A係員　→　B係長　→　適正作業

　この方法は、不正行為を防止するためのもので、前者の行った作業に対し後者がその正確性を確かめることにより、単一作業につき二重のチェックがなされることになる。したがって、後者は特に前者の不正又は誤謬等をチェックするための専門的能力を備えていることが大切である。

(2) 並列的内部牽制組織

　並列的内部牽制組織は以下のような形になる。

```
                ┌─ A係員 ─┐
作業単位 ──────┤   牽制    ├── 照合 ──→ 適正作業
                └─ B係員 ─┘
```

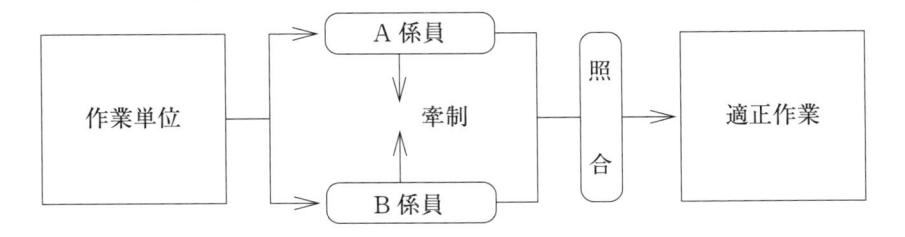

　この方法は、1つの事例について複数人物が別々の作業を行い、最終的にそれらの作業結果を突き合わせ、結果の一致を図り、相互牽制を行うという方法である。この方法は複数作業を並列して同時に行うことができるので、短時間に牽制されるという特徴がある。

　いずれの方法によるとしても不正、誤謬を防ぐには各担当係員が業務に対する専門的能力を備えていることが何よりも効果的である。

　　（注）不正と誤謬

　　　不正……誤りの原因が係員等の意思に関係あるもの。

第7章　監査制度

　　　　　（例）虚偽表示、不当流用……
　　　誤謬……誤りが意図的でなく偶発的なもの、あるいは判断のミスを通じて生じた
　　　　　場合。
　　　　　（例）誤記、記入モレ、計算ミス
(3)　物的内部牽制組織
　　物的内部牽制とは人的（知的）内部牽制組織に相対するもので、人間以外の道具、機械等を利用することによってなされる牽制システムのことをいう。
　　例えば、次のようなものである。
　①　1つの金庫に開閉の際して必ず2種類の鍵が必要となるようにし、それぞれの鍵を別々の人物にもたせる。
　②　現金の出納について必ず人目にふれるような位置に配置する。
　　また、今日、多くの法人でコンピュータを導入した会計管理を行っているが、これは内部牽制組織として大きな役割を果たしている。
　　ただし、注意しておかなければならないことは、コンピュータが内部牽制として有効に機能していることは、そのコンピュータが正しく作動していることが前提であり、コンピュータの作動に不備があり、適切な処理が行われていなければ、人間の介入が行われないため、処理の過程で訂正される可能性はなく、内部牽制の機能は全く失われることになる。高度なコンピュータであるほどこの傾向は強くなるので、絶えずコンピュータの正常性をチェックする必要がある。

2　内部監査組織

　内部監査組織とは、経営活動を統一的かつ合理的に運用してその目標とするところを達成するのを援助するために設定される経営統制手段のことをいう。
　内部監査の目的とするところは単に業務上の不正・誤謬の発見ということではなく、それらの業務上の問題点を発見、指摘することによって、あるいは問題点のないことを確かめることによって、経営活動の諸業務に対する内部統制が有効、適切に機能していることを調査し評定することにある。
　組合においては内部統制、内部監査を担うシステムとして理事会によるチェック、監事による監査等がある。

3　人的基準

(1)　理事及び監事の機能

　　組合は、意思決定機関としての「理事」、監督機関としての「監事」、業務執行機関としての「代表理事」という3者の関係の中で、"三権分立"の精神に支えられた機構のもとに成り立っているのである。まず、理事の機能について検討していく。

　　組合の活動は、その組織を定めている関係諸法令及び定款によって、一定の資格を与えられている自然人の集まりによって行われている。これらの自然人が理事として理事会を構成し、法人そのものの意思を決定するものである。したがって組合にあっては、欠くことのできない機関として理事があり、理事会を構成している。

　　代表理事の機能は大きく2つの面に分けられている。1つは組合の外部に対する機能であり、もう1つは組合内部における機能である。

　　代表理事は対外的には組合を代表する機関であり、組合の第三者に対する関係においては、代表理事は組合を代表する権限を有しているから、組合の名においてなした代表理事の行為は、組合自体の行為とみなされることになる。

　　もっとも、組合の権利能力は定款によって定まっている目的の範囲内において有し、義務を負うものであるから、代表理事が組合の名において目的の範囲外の行為をなすことはできない。もし代表理事がなす行為について、定款をもって制限を加えておいても、これを知らずに取引した第三者に対して組合は対抗することができない。これは、一般に、組合外部の者は理事が代表権を有するものと信じて取引をなすことが前提とされ、その善意の第三者を保護することが法の要請だからである。

　　組合にあっては、代表理事は組合の業務に関する一切の裁判上又は裁判外の行為をする権限を有している。業務の執行は、理事会における理事の過半数（過半数を上回る割合を定款で定めることができる。）をもって決定される。しかし、組合の業務については代表理事が一切の責任を負うからといって、一切の業務が代表理事の手によって行われるわけではない。日常の現実の業務は、代表理事以外の多くの職員によって行われているが、これは代表理事の代行である。とはいえ、その最終的な責任は代表理事にある。

　　組合の重要な業務として、年度計画の策定及び予算の編成がある。これらの業務は理事会の決議によって選任する参事及び会計主任をはじめ、企画ないし経理部門の責任者に委ねられる。しかしながら、この場合もあくまでも、年度の事業計画及び収支

第7章　監査制度

計算書の作成は理事が最終的責任を負っている。委任された責任者がこれを怠ったからといって、その責任を免れることはできない。

　このことは、その他の業務、殊に財務管理の問題に対しても当てはまる。したがって、理事会の構成については十分な配慮が必要である。もし財務管理の能力をもつ者が不在であった場合には、どのような結果になるであろうか。そこでは財務担当の職員によって作成される予算書・決算書等に十分な検討が加えられず、監事の監査を受けることとなり、重大な業務決定が理事会の不用意のうちに決定されてしまうことになる。また、そこに誤謬、不正等があったとしても、それが訂正されることなく業務が進んでしまい、法人としての社会的信頼性は著しく損なわれてしまうことになる。

　組合にあっては、事業そのものが重要視されるあまり、財政上の問題が第二義的になってしまう場合も見受けられる。このような財務に弱い理事がみられる原因としては、事業そのものの経験は豊かなものの、事業の財務にうとい場合がみられることであり、さらに、今日の発達した複雑な経済社会における商習慣を十分に知らないところから生ずるものがある。組合の長期的な維持・発展という観点からは採算のとれた経営ということも極めて重要視されなければならず、財務に無知なるが故の事故は決して許されない。

　次に監事の組合内部における機能を検討していく。

　監事は組合の必須的機関であり、理事の業務決定・代表理事の業務執行について特有の役割を果たすことができる。監査権限限定組合（監事の権限を会計監査に限定している組合）以外の組合においては、監事は理事会に出席し、発言権をもっているだけに、業務執行その他財務管理等の面についても正しい優れた意見が求められるものである。このような点から、監事には、監事としての有用性が問われてくるのである。

(2) 監事の人的基準

　監事の役割は極めて重要であり、その職責を考える前提条件として、監事としての適格性が問われなければならない。監事は自己の信念に基づいて、誠実に職務を遂行し、正確な意見を表明することができる者でなければならない。一般に監事の人的基準としては次の諸点が求められる。

　　ⅰ　監事として適当な専門能力と実務経験を有していること
　　ⅱ　当該組合に対して特別の利害関係がないこと

iii　監査を行うに当たっては常に公正不偏の態度を保持すべきこと
　　iv　監査の実施については専門家として正当な注意をもってこれを行うこと
① 監事の専門的能力
　組合の管理運営は、いろいろな面で専門的であり、困難な問題も多く抱えているため、組合そのものの必要性が高まるとともに、その複雑さや難解さが増大しているのである。とりわけ、財務管理の問題は専門的分野ともいえることから、もし監事が、専門的能力をもち合わせていなかったならばどのような結果を招くであろうか。ただ単に決算書に盲判を押すだけのこととなってしまう。そうであってはならないし、そのような結果になるなら、監事は制度上不必要な存在である。監事が監査を怠って、監査済の承認印を押すことは、組合に対する社会的信頼性を著しく損なうことにつながるものである。
② 監事の独立性
　監事の独立性については3つの側面からとらえることができる。すなわち、
イ　身分的独立性、ロ　経済的独立性、ハ　精神的独立性である。
　イ　身分的独立性
　　　iiにおける「特別の利害関係がないこと」という意味には2つの側面があり、その1つが身分的独立性である。仮に監事と理事長が親戚関係にあったとしよう。理事長の業務執行について重大な誤りがあったとしても、その監事は、身内の情からこれを是として認めてしまう愚が生ずるのである。そうでなくても第三者は監事の行為を疑う場合があろう。
　　　この身分的独立性は法の中でも定められており、監事は理事又は職員との兼職が禁止されている。
　ロ　経済的独立性
　　　iiの「特別の利害関係がないこと」という意味のもう1つの側面が経済的独立性である。監事と組合との間に、債権・債務関係があったりする場合には、その監査意見に手心を加えることが考えられるし、そうでなくても第三者の信頼を保つことは困難である。
　　　経済的独立性については法令による制限は特にないが、監事の条件としては重要な要素である。
　ハ　精神的独立性

　　　　　ⅲの内容が精神的独立性であり監事の基本的立場である。どこまでも正しいものを正しいとし、誤りは誤りとして処理する、個人の精神面に依存した独立性である。これは監事個人の人柄による面が大であり、他からの意見に惑わされることなく、自らの信念に基づいて、客観的かつ公平な判断を行うための心の状態である。したがって、他から測定困難であるだけに独立性の保障は困難であろうが、この主体的独立性こそ監事は保持すべきであり、そのときにこそ有能な監事はその職責を全うすることができる。

　　ニ　監事の正当な注意
　　　　ⅳは正当な注意の条件である。これは法律用語として用いられる理事の「善管義務」、すなわち「善良な管理者としての注意義務」に相当するものであるが、専門的能力を要するが故にその内容に重みがある。医師がいい加減な治療をしてはならないのと同様に求められるものである。専門的能力もこの正当な注意を払って、初めて実力が発揮されるのである。

第4節　内部監査計画

1　内部監査のための予備調査

　内部監査を実施するに当たって、業務監査及び会計監査の範囲、手続、日数についてどうするかを合理的に計画する必要がある。
　予備調査とは、内部監査の準備として会計組織や内部統制組織の整備状況を可能な限り検討することである。
　まずはじめに、内部監査を行う場合、組合の業務の内容を理解しなければならない。したがって、次のような組合の概況を知ることが大切である。

　　イ　組合の沿革
　　ロ　組合員台帳
　　ハ　事業内容
　　ニ　定款、規約
　　ホ　議事録
　　ヘ　地区内における当該産業事情
　　ト　金融事情

チ　業界の実情（慣習）
　　リ　事務所、工場等の配置
　　ヌ　同上における設備状況と業務状況
　　ル　部課等組織及び役員、幹部職員の氏名並びに職責
　　ヲ　取引先関係
　　ワ　従来における組合の財政状態及び経営組織
　組合の内部監査で特に大切なことは上記のうち議事録の内容を詳しく理解して議事録に不備がないかどうか十分に検討することである。

2　監査ノート・ペーパー
　監査ノート・ペーパーはイギリスで発達したものであるが、アメリカにおいては監査対象ごとにペーパーを使用するのでワーキング・ペーパーとよんでいる（Working Paper）。
　監査ノート・ペーパーには監査の結果判明した要点を逐一記録し、内部監査報告書の作成のよりどころとするものであり、このノート・ペーパーの作成は欠かせないものである。監査ノート・ペーパーは次の点に注意して記入しなければならない。
　　イ　監査ノート・ペーパーは監査報告書の基礎となるものであるから、監査実施者の別、監査手続の方法、その結果等を明確に表示すること。
　　ロ　監査機関の仕事を記憶のみに頼ることはできない場合が多く、記憶の蓄えとなるものであり監査指導の進行を示すものであること。
　　ハ　監査補助者の指導に役立つものであること。
　　ニ　監査員の責任を明らかにするものであること。

3　監査実施計画の確認
　監査はできるだけ関係する一切のものについて解明することが本旨であるが、その実施に当たっては、往々にしてその範囲が拡大しやすいから監査実施計画を常に念頭に置き、できるだけ能率的に実施する必要がある。
　内部監査の担当者は、監査経験をもとにして過去の監査計画書や監査ノート・ペーパーを参考に監査マニュアル（Auditor's manual）や監査チェックリスト（Auditor's check list）等を作成し、それをもとに監査指導実施計画を作成することは有用である。

4　監査と未済との区別

監査したものと未済のものとの区別を明瞭にするため、捺印又はチェック等により重複、脱漏、不正行為を防止するなどの措置をとり、監査の能率化と厳正化を考慮しておく必要がある。

また、監査計画とその実施を比較するためにチェックリストを作成して監査の進行状況を把握し、かつ補助者の指導をも行うと、監査が効果的に行える。

5　適時性と秩序性

監査に当たっては、時機を失することなく証拠資料の正確性と妥当性を確かめることが必要である。時機を失することなくということは、特定の日付の換金性資産の残高を監査指導する場合にその日付になるべく近い時機を選定することが有用であることを示すものである。また、現金、銀行預金、受取手形、有価証券等の実検査は同時に行うことが望ましい。証拠資料を求める手続は、秩序正しく行うことが大切である。これは重複や混乱を防止するために棚卸資産や売掛金のように複雑にして取引量の大きい項目について特に重要である。

第5節　業務監査の着眼点

1　事業報告書監査

事業報告書は、組合の事業年度における組合の活動状況と組合の現況などについてこれを報告するものであるから、正確に、かつ詳細に記述されているか確認する。

2　定款及び規約等

イ　定款は、組合の組織と運営に関する大綱を簡潔に記載するにとどめ、細目は別に作成する規約、規程等に譲るようにしているかを確認する。

ロ　定款の内容は、組合の実情に即したものであるか、また、経済情勢の変動その他の理由により、組合の実情にそぐわないときは、遅滞なくその内容を変更しているかを確認する。

ハ　定款の変更は、所定の手続を経て行われているかを確認する。

ニ　定款原本は、必ず主たる事務所に備え付けているかを確認する。

ホ　組合運営及び事務手続に必要な事項等は、規約、規程として制定しているかを確認する。

ヘ　規約、規程は、組合運営及び事務手続上の実態に即して常に新設、改廃が行われているかを確認する。

3　総会（総代会）

イ　法令又は定款により、総会（総代会）の附議事項として定められた事項は、必ず総会（総代会）に附議しているかを確認する。

ロ　組合は、通常総会（総代会）のほか、必要に応じて臨時総会（総代会）を開催しているかを確認する。

ハ　総会（総代会）には一定の条件の下に4人（総代会は1人）までの代理出席が認められているが、組合員の意思を直接総会（総代会）に反映させるため、常に本人が出席するよう努力しているかを確認する。

ニ　総会（総代会）の運営に当たっては、形式に流れることなく十分衆議をつくして、組合員に組合の運営方針を理解させるよう努めているかを確認する。

ホ　総会（総代会）の議事録は、総会（総代会）終了後、直ちに会議の経過がわかるように作成しているかを確認する。

ヘ　総会（総代会）の議事録は、主たる事務所に備え付けているかを確認する。

ト　総代会を設ける組合にあっては、総代の選挙に際し、総代が地区又は業種、業態などの一方に偏して選出されないよう考慮しているかを確認する。

チ　総代は、総代会に出席して議決権を行使することばかりでなく、組合と組合員間の連絡機関として、組合事業の推進に努力しているかを確認する。

4　理事会

イ　理事会は、業務執行に関する基本的事項を決する機関であるが、業務執行の機動性を図るため、その細部については組合の実情に応じて代表理事の裁量に任せるようになっているかを確認する。

ロ　理事会は、その決議事項が代表理事によって正しく執行されているかを確認する。

ハ　理事会の開催は、定期的に開催するほか、必要に応じて適宜開催されているかを

第7章　監査制度

　　　　確認する。
　　　ニ　顧問等理事でない者が理事会の議決に加わっていないかを確認する。
　　　ホ　理事会の議事録は、会議終了後、直ちに所定の方針により作成され、出席理事が署名又は記名押印しているかを確認する。
　　　ヘ　理事会の議事録は主たる事務所に備え付けているか、また、他の委員会、懇談会などの議事録と明確に区分されているかを確認する。

　5　諸会議
　　　イ　業務の民主的運営とその周知を図るため、総会のほかに委員会、部会、協議会などの機関を設け、その活用を図っているか、また、地区が広範囲にわたっている場合及び異業種の組合員を擁する組合の場合には、これらの諸機関を地区別、業種別に設置することも考慮されているかを確認する。
　　　ロ　運営について、組合員の後継者、家族の積極的な協力を得るために、青年部、女性部その他の研究会などの機関を設け、組合機能や組織目的についての教育訓練を行っているかを確認する。
　　　ハ　運営について従業員の意見や協力を得るように努力するとともに、組合の目的や事業についての啓蒙に努めているかを確認する。
　　　ニ　会議の性格、内容等により外部の学識経験者等の参加を求めて、その意見の積極的な活用を図っているかを確認する。

　6　共同事業
　　組合は、共同事業を通じて組合員の企業経営の合理化とその経済的地位の向上を図るとともに、我が国内外の経済情勢の進展に対応していこうとするものであるから、共同事業の効果的な運営のいかんが組合の組織目的達成の可否を決定することとなる。したがって、実施する共同事業は、それが真に組合員の希望する事業であり、組合員の事業経営の合理化に貢献するものであるかを十分検討する必要がある。また、共同事業は、最初から膨大な計画を一挙に行うようなことを避け、組合員の意識の高まりとともに順次高度の事業を実施するよう配慮されているかを検討することも、監査に当たっての大切な着眼事項である。さらに共同事業の運営面については、民主性と機動性の調和と対外信用の確保に努めるなど、事業経営体としての経済原則に即応した適切な管理を行っ

ているかを十分検討する必要がある。

　共同事業の選択及びその運営のあり方は、組合の業種、業態、規模及び当該業界がおかれている環境等によって一概にはいえない面も多いが、共同事業に対する監査に当たっては、理事会の審議事項を通じて実施することを中心とし、必要ある場合には、以下の検討事項を追加して実施することが望ましい。

(1) **共同事業の基本的事項**

　共同事業の運営に当たっては、各事業を通じ、次の事項について留意しているかを確認する。

　イ　共同事業の各々についても精密な事業計画及び財務計画を立てるようにすること。なお、事業計画の策定に当たっては、前年度の事業実績を検討し、経営分析による計数を基礎とした資料を用いるようにすること。

　ロ　生産、加工、販売等の共同化の場合は、設備や経営の近代化、合理化により取扱量が大幅に増加する例が多い一方、需要動向は技術革新並びに生活様式の変化等により極めて変動的であるので、事業の実施に当たっては事前に十分な市場調査を行い、事業の規模を決定すること。

　ハ　責任制を確立するとともに、担当者の配置については適材適所主義をとり、かつ、担当者には機敏な活動ができるよう大幅な権限を与えること。

　ニ　組合員に対して、常にサービスの精神を忘れないこと。

　ホ　一部の組合員の利用に偏することなく、全組合員が公平に利用できるようにすること。

　ヘ　常に正確な市況の把握に努め、取引を行う場合は取引物件の品質、価格、数量、輸送方法、代金決済方法、危険負担の方法等取引条件を十分に検討して契約を締結すること。

　ト　事業経営は、時価を基準として検討を行い、事業の利用分量配当制を活用すること。

　チ　共同事業ごとにその運営要領、利用手続などについて詳細な規約を設けること。

　リ　組合員として、組合幹部にすべてを任せきりにするようにさせることなく、常に自己の組合であるとの認識をもって事業運営に協力させるよう設置すること。

　ヌ　組合員に対し、共同事業利用の責任があることを十分に理解させ、他の誘惑に迷わせないよう措置すること。

第7章　監査制度

　ル　各事業とも独立した勘定科目を設定し、経理区分を明確にすること。
　ヲ　組合の事業方針、年次計画などを組合員に徹底させること。
　ワ　内部牽制制度が十分に機能するよう措置すること。
　カ　各組合員の利用状況を把握し、問題点、隘路等の発見に努めること。
　ヨ　組合員に与える効果の把握に努めること。
　タ　決定事項に組合員を服させること。

(2) 共同購買事業

　イ　組合がその組合員の事業経営に必要な物資を購入して組合員に供給することにより、組合員の原材料（商品）の種類、品質、規格を均一にし、組合員の入手を容易にし、また、入手価格を引き下げることを目標として運営しているかを確認する。
　ロ　次のような必要性に基づき実施されているかを確認する。
　　①　個々の組合員が単独に取引しようとしても、購入する物資の量が経済上又は技術上の取引単位に達しない場合
　　②　個々の組合員では、信用が乏しく、取引条件が不利な場合
　　③　中間マージンが甚だしく大きく、これを省くことが必要な場合
　　④　購入する物資が季節的に大量仕入れを要する場合
　　⑤　現金支払を建前とする取引について代金決済が有利になる場合
　ハ　資金の調達及び取引物資の取引経験が十分でないなどで見込購入ができないような場合には、委託購入や購入斡旋、また組合が製造業者又は販売業者の委託を受け、これによって組合員に供給する代位販売などの方法で始めているかを確認する。
　ニ　見込購入は、委託購入に比較して取引を敏速に運ぶことができるから、組合員に有利な条件で迅速に物資を供給することができるが、反面、物価の変動などで不測の損失を招くおそれがあるから、その実施に当たっては、慎重を期するよう配慮しているかを確認する。
　ホ　委託購入は、組合員からの委託数量の取りまとめ等に、あまり時間をかけると、商機を逸するおそれも生ずるので、十分留意しているかを確認する。
　ヘ　対象となる物資は、種類、品質、規格などが均一であることが望ましいが、特に見込購入の場合は、物資需要制度が平均しており、将来の需要についても、十分な見通しのつくものに限るよう留意しているかを確認する。

ト 市価の変動の激しいもの、保存の困難なもの、高価なものなどを本事業の対象とする場合には、取引の時間、保存方法、供給方法などについて注意を払っているかを確認する。

チ 組合員のうちで大口申込みをする者、現金決済をする者などについては割引、歩戻などの方法による優遇措置を考慮しているかを確認する。

リ 組合員が要求する物資の購入斡旋を行う場合、若しくは製造業者又は販売業者の委託を受け、組合員に供給する場合は、取扱物資の管理、代金返済、危険の負担、経費の負担など取引の内容となる事項について十分注意を払っているかを確認する。

ヌ 在庫管理が適切に行われているかを確認する。

ル 代金の決済（仕入と売上げ）について常に一定の均衡が保たれているかを確認する。

(3) **共同販売事業**

イ 組合が組合員の生産する製品を買取り又は委託を受けて第三者に販売することにより、組合員の生産する製品の取引条件を有利に展開させ、又は販路の拡張を図ることを目的として運営しているかを確認する。

ロ 次のような必要性に応じて実施しているかを確認する。
　① 販売先が大口需要者であり、個々の組合員が単独で納期、数量などにより、大口の注文に応じられない場合
　② 新たに販路開拓を必要とする場合
　③ 個々の組合員が単独では商品の現金化が長引く場合
　④ 中間マージンが甚だしく大きく、これを省くことが必要な場合
　⑤ 代金決済のための資金額が十分でなく、資金の調達を必要とする場合
　⑥ 生産期と需要期との間に季節的なズレがある場合

ハ 対象となる製品は、種類、品質、規格など、なるべく均一であるものに限るよう配慮しているかを確認する。

ニ 販売先の信用調査がなされているか、代金回収が順調であるかを確認する。

ホ 販売先が組合員と競合しないように配慮されているかを確認する。

ヘ 市価の変動の激しいもの、保存の困難なもの、高価なものなどを本事業の対象とする場合は、取引の時期、保管方法、販売方法などに注意を払っているかを確認す

第7章　監査制度

　　　る。
　　ト　組合員からの納入製品については、共同検査事業に準ずる検査を行っているかを確認する。
　　チ　売行き不振の製品を取り扱う場合は、買取りの時期、買取数量の配分等について公平を期しているか、販売の斡旋として行っている場合には、製品の品質、数量斡旋の方法、危険の負担、斡旋料等、斡旋の内容となるべき事項に注意を払っているかを確認する。
　　リ　取引の永続性、安定性について十分に配慮されているかを確認する。

(4)　**共同受注事業**
　　イ　組合が取引の主体となって注文を引き受け、その注文を組合員に分担させることにより、取引範囲の拡張、取引条件の改善を図ることを目標に運営しているかを確認する。
　　ロ　次のような必要性に基づき実施しているかを確認する。
　　　①　取引先が大口需要者であり、個々の組合員が単独では納期、数量等により、大口の注文に応じられない場合
　　　②　個々の組合員が単独で市場を開拓するよりも、組合で受注したほうが有利である場合
　　　③　個々の組合員単独では代金の回収が困難な場合
　　　④　乱売防止を特に必要とする場合
　　ハ　必要な原材料は、発注者、組合又は組合員のいずれかが調達しても差し支えないが、契約締結の際にそのいずれによるかを決定しているかを確認する。
　　ニ　国、地方公共団体等からの官公需を組合で共同受注しようとする場合には、あらかじめ官公需適格組合の証明を受けているかを確認する。
　　ホ　受注に際しては、組合員の設備、能力、技術、資金の調達等を考慮しているかを確認する。
　　ヘ　受注量を組合員に配分する場合は、配分の公正を図ることはもちろんであるが、過去の実績、仕事の能率についても考慮を払っているかを確認する。
　　ト　納入に際し、検査若しくはこれに準ずる措置がとられているかを確認する。
　　チ　受注単価、原価把握について適切な指導がなされているかを確認する。
　　リ　品質、規格、納期等は、必ず守るよう適切な指導を行っているかを確認する。

(5) 共同生産（加工）事業

イ 組合員の事業経営に必要な物資及び関連する新製品等を生産（加工）することにより原価の引下げ、規格の統一、又は品質の向上等を図ることを目標として運営しているかを確認する。

ロ 次のような必要性に応じて実施されているかを確認する。

① 工程の一部に高度の技術又は高価な設備等を必要とする場合で、それらの技術又は設備等を個々の組合員が単独ではもち得ないか、又はもつことが不利益である場合

② 大量の受注製品について、特に規格の統一又は品質の向上が要求される場合

③ 個々の組合員が単独では設備の効率的な利用ができない場合

④ 原価の引下げが必要な場合

⑤ 副産物の利用上必要な場合

ハ 自家加工施設をもつほか、外注に出しても差し支えないので、組合の実情により、そのいずれをとるかを適宜選択しているかを確認する。

ニ 加工対象は、準備工程、中間工程、仕上工程のいずれであっても差し支えないので、組合の実情により、そのいずれをとるかを適宜選択しているかを確認する。

ホ 生産（加工）施設の設置場所は、組合員の利用に便利な位置を選んでいるかを確認する。

ヘ 生産（加工）施設の設置場所と組合事務局とが離れざるを得ない場合は、事務室の分室を設け管理させるなど、本部と現場との間の連絡・連繋に意を用い組合員の利用に不便を生じせしめないよう配慮しているかを確認する。

ト 有能な技術者を採用するとともに、再教育に意を用いているか、付帯施設としての倉庫、試験検査設備、輸送設備、包装設備等の物的設備の充実を図り、完全管理を行う努力をしているかを確認する。

チ 適正な原価計算がなされているかを確認する。

リ 手数料の計算に当たって、設備の償却費などを十分に考慮しているかを確認する。

ヌ 公害防止、環境基準等について配慮しているかを確認する。

(6) 共同保管事業

イ 組合員の委託を受け、その事業に必要な物資、製品を保管することにより、保管

経費の引下げ、物資、製品の保全又は価格の維持を図ることを目標として運営しているかを確認する。
　ロ　次のような必要性に応じて実施しているかを確認する。
　　①　原材料、製品等について腐敗、変質等のおそれがあり、品質保持のため保管に当たって特に技術及び設備を要する場合
　　②　引火性の強い物資、製品、劇薬などのように、危険発生防止のため保管に当たって特に技術及び設備を要する場合
　　③　季節的な関係で需要期まで大量保管を必要とする場合
　ハ　保管倉庫は組合の施設であるか、他から賃借したものであるかを確認する。
　ニ　保管倉庫の設置場所が組合員の利用に便利な場所であるかを確認する。
　ホ　組合が国土交通大臣の許可を受け、組合員の寄託物について倉荷証券を発行しているか、組合員の担保能力を確かめているかを確認する。

(7)　**共同運送事業**
　イ　組合が組合員の委託を受けて、その事業に必要な物資を運送することにより運送費の引下げ、運送貨物の保全を図ることを目標として運営しているかを確認する。
　ロ　組合員の運送貨物量が大きく、運送に特別の注意を要する場合、運送が頻繁に必要とされる場合、運送距離が長い場合等必要性に応じて実施されているかを確認する。
　ハ　運送施設は組合の施設であるか、組合が他から賃借したものであるかを確認する。
　ニ　国土交通大臣又は陸運局（海運局）の許可を受けるとともに、組合員からの寄託物の損傷・紛失等に備え損害保険制度の利用を図っているかを確認する。

(8)　**共同検査事業**
　イ　組合が組合員の委託を受けて、組合員の事業に必要な設備、原材料、製品等の検査を行い、品質の維持向上、規格の統一、声価の発揚を図ることを目標として運営しているかを確認する。
　ロ　次のような必要性に応じて実施されているかを確認する。
　　①　検査に高度の検査設備又は技術を要する場合
　　②　声価維持が必要とされる場合
　　③　規格の統一が特に必要とされる場合

ハ　公設等の試験場に依頼するなどのほかに、委託して実施しても差し支えないが、これらについて考慮しているかを確認する。

ニ　検査方法について、組合の検査所における集中検査、組合員の事業所への出張検査等、実情に応じて配慮しているかを確認する。

ホ　あらかじめ定めた任用資格のある公正な検査員を置くよう配慮しているかを確認する。

ヘ　検査員には、検査に必要な検査執行権を与え、その身分を保障しているかを確認する。

ト　検査員の検査に独立性を付与し、検査の結果についてはあらかじめ定めた異議申立ての手続をとらせ、再検査のうえ合格したものでない限り変更を認めないこととしているかを確認する。

チ　適正な検査基準が設けられているか、基準作成に当たって組合員の意見が反映されているかを確認する。

リ　検査の実施が明確、公正に行われているかを確認する。

ヌ　日本工業規格（JIS）や日本農林規格（JAS）マークが設けられている場合、組合検査との関連はどうなっているかを確認する。

ル　組合検査に組合員全員の協力が得られているかを確認する。

ヲ　検査の結果を高揚するために、検査証紙の貼付、不合格品の補修、不合格品の価格切下げを行うほか、不合格の程度が特に甚だしい場合は販売を禁止し、さらにまた、市場に対する検査価値の宣伝を行い、合格品にクレームがついた場合は他のものと取り替えるなどの方法を講じているかを確認する。

ワ　出張検査、時間外検査等に要する旅費その他の経費は所定の手数料に付加して徴しているかを確認する。

(9)　**共同試験研究調査事業**

イ　組合が一定の課題につき、試験研究調査を行うことにより、組合員の経営の維持向上を図ることを目標として運営しているかを確認する。

ロ　新規設備の試験的運営、試作品の製造等も含まれるが、これらについても考慮されているかを確認する。

ハ　事業を外部の研究機関に委託して実施しても差し支えないが、これについても考慮されているかを確認する。

第7章　監査制度

　　ニ　事業により創造された発明、発見、考案、意匠などは、原則として組合に権利を保留し、全組合員に利用の機会を与えるよう配慮しているかを確認する。
　　ホ　特定の組合員から依頼を受け行われた試験研究調査に要する経費は、その組合員から徴収しているかを確認する。
　　ヘ　施設、人材などが組合事業運営に適切なものかを確認する。
(10)　**共同利用設備提供事業**
　　イ　組合が試験設備、運搬設備などの物的施設を設置し、これを管理するが、設備は組合員が直接利用し、組合員の経営の合理化を図ることを目標として運営しているかを確認する。
　　ロ　設備提供の形態をとるか、組合が施設を直接運用する形態をとるかについては、施設の内容、組合員の利用能力などを考慮して決定しているかを確認する。
　　ハ　組合員が利用設備を破損した場合の修理費用その他の損害の賠償について利用規程等により詳細に定めているかを確認する。
(11)　**共同金融事業**
　ⅰ　資金の貸付事業
　　イ　組合が組合員に対し、事業資金を貸与することにより組合員の所要資金の充足を図ることを目標として運営しているかを確認する。
　　ロ　資金調達について本事業の運営に適した金融機関が選定されているかを確認する。
　　ハ　金融機関との取引について永続性、安定性を考慮しているかを確認する。
　　ニ　長期融資を行う場合、担保を徴するほか担保物件を火災保険に付するなどの債権保全策を講じているかを確認する。
　　ホ　事業資金の貸与には、運転資金（短期資金）又は設備資金（長期資金）があり、貸付けの形式には手形の割引、証書貸付け、手形貸付けがあり、貸付けの方法としては転貸、直貸の方法があるが、組合の実情により、いずれをとるかを十分考慮しているかを確認する。
　　ヘ　組合員の事業経営の内容などを詳細に把握して実施するのが適当であるから、なるべく他の共同事業と併せて行うよう努めているかを確認する。
　　ト　詳細な金融事業規約を設けるとともに、信用評定委員などの制度を設け、常に組合員の信用状況を調査しているか、実際に貸付けを行う場合は、申込組合員の信用

第 7 章　監査制度

　　　状況、借入資金の使途、事業計画、返済計画などを客観的に考慮しているかを確認する。
　チ　手形の割引をする場合は、手形の振出人の信用状況を十分考慮しているかを確認する。
　リ　資金の貸付けに当たっては、貸付先ごとの貸付元帳はもちろん、帳票類の整備を行うほか、必要に応じ担保を徴する場合の契約書様式の制定を行うなど、組合債権の管理、回収のための事務手続を定めているかを確認する。
　ヌ　事業年度の初めにおいて1組合員に対する貸付金残高の最高限度を定め、総会の承認を受けているかを確認する。
　ル　1組合員に対して限度額を超えて貸し付けていないかを確認する。
　ヲ　貸付けに際し所定の手続、方法がとられているかを確認する。
　ワ　組合員の返済状況を常にチェックし、本事業遂行に支障のないよう十分に配慮しているかを確認する。
　カ　貸付金が貸付けの目的以外の用途に流用されることがないよう、常に監督を行っているかを確認する。
　ヨ　事業実施に要する経費を貸付手数料を徴して賄っているか、貸付手数料は組合員の利用度が少ないと割高になるおそれもあるので、適正な利用度の維持に努めているかを確認する。
　タ　貸付手数料は、適正利率となっているか、組合が金融機関等から資金を借り入れて、これを組合員に転貸する場合、組合が金融機関等から借り入れた資金の利息を組合員に転嫁する利息と貸付手数料とに区別しているかを確認する。
ⅱ　債務保証事業
　イ　組合が組合員に対して組合員の債務を保証することにより、組合員の信用を高めることを目標として運営しているかを確認する。
　ロ　手形の保証は、本事業に含まれているので考慮しているかを確認する。
　ハ　組合が債務保証を行う相手方たる債権者は、必ず定款で規定した金融機関に限られるが、この点に留意しているかを確認する。
　ニ　事業年度の初めにおいて、その年度における保証金額の残高の最高限度、1組合員に対する保証金額の残高の最高限度を定め総会の承認を受けているかを確認する。

第7章　監査制度

ホ　信用事業の一環をなすものであるから、実施に当たっては、前期の貸付事業に準じ、慎重に取り扱っているかを確認する。

⑿ **考案権・意匠権の登録事業**
イ　組合員の創造した新規考案又は意匠を組合に登録するとともに、他の組合員が使用することを禁止し、もって組合員の新規考案又は意匠を保護することを目標として運営しているかを確認する。
ロ　本事業の実施に当たっては、登録審査委員会等の制度を設け、特許庁と連絡を密にするなどして、登録効果を高めるよう努力しているかを確認する。
ハ　登録機関は、登録の目的を達する適当なものであるかを確認する。
ニ　登録手数料を徴して経費を賄っているかを確認する。

⒀ **共同宣伝事業**
イ　組合員のための販売促進を図ることを目標として運営されているかを確認する。
ロ　組合と組合員の事業の種類、地域性などを考慮して行われているかを確認する。
ハ　次のような欠点から訴求力が弱くなるので、これらについて十分に配慮されているかを確認する。
　① 最大公約数的、総花的宣伝になりやすい
　② 表現内容が穏健平凡になりやすい
ニ　時期、回数、方法、媒体などに留意して行われているかを確認する。
ホ　組合員個々の宣伝との関連（相乗効果）が配慮されているかを確認する。
ヘ　共通マーク、共通標識、共通看板などを制定し、活用しているかを確認する。
ト　実施方法について組合員自らの手で行うことが適切であり、それが組合員の意識を昂揚することとなる場合もあるので、その際、組合員の協力が十分に得られているかを確認する。

⒁ **販路の維持開拓事業**
イ　組合員の製品又は取扱商品などの販路の維持開拓を図ることを目標として運営しているかを確認する。
ロ　次に掲げるようにいろいろなものがあるが、組合の実情により適宜選択を行っているかを確認する。
　① 共同宣伝
　② 見本市、巡回販売、展示会の開催

③　共同売出し

④　顧客に対する共同サービス施設の設備

⑤　市場の調査

⑥　共同マークの制定

⑦　商品券の発行

(15) **各種の協定事業**

　イ　組合員の経営安定を図ることを目標として運営しているかを確認する。

　ロ　代金の支払方法、購買方法、仕入方法に関する協定、生産分野の協定、販路の協定等があるが、本事業の実施に当たっては「私的独占の禁止及び公正取引の確保に関する法律」第22条に規定する不公正な取引方法又は対価の不当な引上手段となるなど取引制限にならないように留意しているかを確認する。

　ハ　特に組合員の団結が強固であることが前提となるので、その点十分留意しているか、組合に加入することによって多くの便益が与えられるような運営に努め、組合員を増加させ団結の強化を図るよう努めているかを確認する。

(16) **共同クレジット事業**

　イ　組合が割賦チケット、クレジットカードを発行し、消費者に信用供与することによって、組合員の売上高の増進を図ることを目標として運営しているかを確認する。

　ロ　金融機関、メーカー割賦、信販会社、割賦百貨店等の進出、信用供与形態の変化、消費構造の変化等が著しいことにかんがみ、常にこれらの動向の対応に配慮しているか、制度内容の改善に努めているかを確認する。

　ハ　利用会員のニーズに即応し得る組合規模、組合員構成であるか、常に利用会員の開拓に努めているかを確認する。

　ニ　近隣組合との共通チケット、共通カードの発行、業務提携、場合によっては合併が必要かを確認する。

　ホ　近隣組合との連携を密にし、情報交換に努めているかを確認する。

　ヘ　割賦債権に対して立替払制、買取制のいずれを採用しているかを確認する。

　ト　割賦債権の延滞、コゲツキに迅速適切な措置がとられるよう配慮されているかを確認する。

　チ　割賦代金の分割、回収の方法が適切であるかを確認する。

第7章　監査制度

　　リ　商品の高額化、割賦期間の長期化に対応した資金調達を考慮しているかを確認する。
　　ヌ　共通マーク、共通標識、共同宣伝、共同催しなどに配慮しているかを確認する。
　　ル　事務処理について常に正確性、迅速性、合理性、近代化に配慮しているかを確認する。

(17)　**事務代行事業**
　　イ　組合員の事業の経営に必要な経理、労務等に関する事務を組合が代行して行うことにより、組合員の便宜を図ることを目標として運営しているかを確認する。
　　ロ　代行事務の内容によって税理士法などの法令に違反することのないよう、留意して行っているかを確認する。

(18)　**教育及び情報の収集提供事業**
　　イ　組合が諸種の教育及び情報の収集提供等を行うことにより、組合員の事業に関する経営及び技術の改善向上又は組合事業に関する知識の普及を図ることを目標として運営しているかを確認する。
　　ロ　効果的運営を図るため、事務機構及び担当者の責任体制が明確にされているかを確認する。
　　ハ　十分な予算配分、計画性があるかを確認する。
　　ニ　刊行物の発行、講演会、講習会又は研究会の開催、ゼミナールの設置、従業員訓練、見学又は視察等があり、組合の実情、目的に応じて実施しているかを確認する。
　　ホ　後継者、青年部、女性部等に対しても組合員に準じ教育を行っているかを確認する。
　　ヘ　情報等の収集、提供の迅速性に配慮しているかを確認する。
　　ト　官公庁、教育機関、情報提供機関等及び関連業界との連携を緊密にするよう努めているかを確認する。

(19)　**福利厚生事業**
　　イ　組合員又はその家族の福利厚生を図るため、いろいろな施設を設けることにより互助融和を図ることを運営の目標として実施しているかを確認する。
　　ロ　慶弔見舞金の給付、医療施設の設置、共同炊事による給食、家庭用品の共同購入、文化又は体育施設の運営等があるが、組合の実情に応じているかを確認する。

ハ　慶弔見舞金の給付を行う場合には、年間における事故発生率等を考慮して掛金及び給付金の額（共済事業とみなされる額となっていないか等）を決定するとともに、これに関する経理は他の経理と区分して行っているかを確認する。

⑳　団体協約の締結事業

イ　第三者との間で締結した契約の効力を直接全組合員に及ぼし、組合員の経済的地位の向上を図ることを目標として実施しているかを確認する。

ロ　小売業者と卸売業者、下請工場と親工場、生産者と問屋との間の取引の改善を図り、もって社会的勢力関係を是正しようとする場合、あるいは、組合員が単独でするよりも組合がすることにより、倉庫置場、医療施設、無体財産権などの所有者との間に、その権利の利用に関する契約が有利に締結できるような場合に行うものであるが、組合の実情に応じ適宜検討を行っているかを確認する。

ハ　法に定められた手続によって締結されているかを確認する。

㉑　共同労務管理事業

イ　組合員の雇用する従業員の労務管理の改善向上を図ることを目的として行われているかを確認する。

ロ　次のような必要性に応じて実施されているかを確認する。

①　組合員が個々に行う求人活動では、従業員の確保が期待できない場合

②　賃金、労働時間、その他の労働条件、労働環境等を組合で協定することによって、労務管理の改善、向上を図りたい場合

③　組合員が個々に実施しにくい従業員のための教育訓練を行いたい場合

④　組合員の従業員のために各種の福祉施設を共同で設置したい場合

⑤　組合員の労務管理についての知識、能力等の向上を図りたい場合

ハ　集団求人を行う場合には、単に組合員の求人をとりまとめるというだけでなく、組合員の従業員の賃金、労働時間、その他の労働条件等を組合で協定することによって、労務管理の改善、向上を図るようにして行っているかを確認する。

ニ　組合で委託募集方式による求人共同化事業を行う場合には、職業安定法による厚生労働大臣の許可を受けているかを確認する。

ホ　組合員の従業員の技能訓練を共同事業として実施する場合には、なるべく職業訓練法による共同職業訓練団体の行う認定職業訓練として行い、定められた援助措置が受けられるよう努力しているかを確認する。

ヘ 共同宿舎、共同給食、共同診療所等の施設の設置に当たっては、これらの施設を利用する組合員の従業員数を十分考慮し、その効率的な活用と従業員1人当たりの施設設置費用の引下げ等を考慮しているかを確認する。

ト 組合員の事業所が、危険、有害を伴う事業を行っている場合には、危険防止等についての指導を行うよう考慮しているかを確認する。

第6節 会計監査の着眼点

　組合は、組合の維持、発展のために必要とする長期並びに短期の各種の資金を調達し、これを適切に運用管理することにより、組合活動を効果的に展開させなければならない。組合における会計管理は、中小企業等協同組合法、中小企業団体の組織に関する法律等及びその関連法規に定める原則によらなければならないが、その管理方法の妥当性は組合の業種、業態、組合事業の種類、規模等を十分勘案して定めなければならないものである。

　これに対して、会計監査は、組合の会計を監査し、その結果のアフターケアを目的とするものであるが、組合の会計監査に必要と思われる要点は以下のとおりである。

1 組合の監事が行う会計監査
(1) 会計監査手続

　会計監査は、組合の育成、発展を目標とし、組合の会計の公正妥当性を確保するものであるから、公表された財務諸表の真実性はもちろん、会計手続の適正化も監査の対象になるものというべきである。このため、会計の帳簿及び書類の記載内容、計算及び各帳簿との関連性が正当であるか、すべての取引が詳しく記載され適正な処理がなされているかを検討するものである。このような監査手続には監査技術を適用しなければならない。その技術を分類して説明すれば、次のようなものがある。

　　i 一般監査技術
　　　① 証憑突合せ
　　　　証憑について内容が真実なものであるか、適正なものか、計算が正確であるか、日付や宛名が適正か、責任の承認の下に処理されたものであるか等を確認する。

　　　② 伝票突合せ

会計伝票と証憑書類および関係帳簿等を照合する。
③　帳簿突合せ
　　伝票から仕訳帳、仕訳帳から元帳へと帳簿組織の実態に応じて転記の正否を照合する。また、総勘定元帳と各種補助簿、補助簿と明細表、本店と支店勘定の照合等関連性の正否を検討する。
④　勘定突合せ
　　帳簿突合せと併行して総勘定元帳の勘定記入の正否を検討するため、関連する勘定及び反対勘定を照合する。
⑤　計算突合せ
　　帳簿又は計算表の縦横の合計額、差引残高、積数などを検算する。
⑥　閲覧
　　経理規程、議事録、稟議書、報告書、前期決算書等を批判的に閲覧し組合の方針、現状、処理手続、正当な承認の有無などを把握する。
⑦　通査
　　会計記録を通覧して異常項目や例外的事項を発見する。

ⅱ　個別監査技術
①　実査
　　資産等の実在性及び数量を確認するため直接、物理的に棚卸調査をして実在を確認するもので、現金、手形、預金証書、有価証券、倉庫証券等を対象に行う。
②　立会
　　原材料、仕掛品、商品、製品等の棚卸商品を棚卸する際に立ち会い、その処理の適否を把握し、抜き取りで一部を実査して、後に帳簿記録の棚卸在庫と突合せを行う。
③　確認
　　債権債務の相手方に照合して一定の事実又は計算の正否を確認するために文書で回答を求める。
④　質問
　　不明の事実その他の疑問につき組合の担当者又は責任者から説明又は回答を求める。

⑤ 勘定分析

勘定の内容について検討し、そのうちにある取引が、その勘定に入れることについて妥当であるかを検討する。

⑥ 比　較

数年度分の試算表を並列化して比較し、財産変動の傾向を検討するほか、特定項目の数年度分又は数か月前分と比較する。

⑦ 比率吟味

財産構成、損益状況を財務分析上の比率法を応用して算出し財政、経営の健全性などを確認する。

(2) 会計監査技術の選択と適用

　監査の実施者は、前述の監査技術を必要に応じて選択、適用しつつ監査を実施することとなる。例えば、売掛金の監査において、取引先に売掛金残高の確認を求めるか否かを決定することは、監査技術の選択である。これに対して、いつ確認を求めるか、取引先の全部にするか一部にするか、さらには一部にする場合の選定はどうするか、確認に対して返答を求めるか、単に残高の通知のみで特に返答を求めないのかを決定することは、監査技術の適用である。

　監査の実施者が、どのような監査技術を選択し、適用するかは任意であるが、この選択と適用のいかんに効果の正否がかかっていることから、監査対象組合の実情、監査実施者の能力、実施の時期等に応じて慎重に決定することが必要である。

2　貸借対照表監査

i　一般監査項目

① 貸借対照表の形式

貸借対照表の形式には、通常2種あって、1つには左に資産、右に負債及び純資産を対照させたものを勘定式といい、2つには、上に資産を下に負債、純資産を順次記載したものを報告式という。組合にあっては、組合会計基準に示された勘定式を採用することが望ましいが、報告式により作成しても差し支えない。いずれにしても組合の財政状態を明らかにするために、一定時点に保有するすべての資産、負債及び純資産を適当な区分、配列、分類の基準に従って記載されているかを検討する。

② 項目の区分と分類

　　貸借対照表の作成に当たって、各勘定を雑然と列挙することは、組合の財政状態を明瞭に表示したとはいえない。したがって、各項目の記載には、適当な分類と区分が必要となる。そこで、貸借対照表項目の分類には、まず資産の部、負債の部及び純資産の部の3区分に分け、さらに資産の部を流動資産、固定資産及び繰延資産に、負債の部を流動負債、固定負債に、純資産の部を組合員資本金及び評価・換算差額等に区分されているかを検討する。

③ 科目の配列

　　貸借対照表の各科目の配列順序には、流動性配列法と、固定性配列法とがあって、前者は、流動性の大なるものを先にし、固定性の大なるものを後にするものである。すなわち、資産は換金性の早いものから、負債は支払期日の早いものから配列するもので、流動性配列法に則っているかを検討する。後者は、これに反して資産の固定性の大なるもの（支払期日の遅いもの）を先にし、流動性の大なるものを後にし、次いで純資産を記載する方法である。

ii　個別監査項目

　　ここに示した各科目の監査に当たっては、以下に述べる点に留意して監査を実施することが望まれるが、これら以外のものについては同一性格をもつ科目を参考にして監査することが望まれる。しかし、組合は、自ら経済的環境なり、規模の大小、事業の種類、あるいは組織形態などによって種々相違するものであるから、単に監査技術を画一的に実施することは合理的でない。

　　したがって、監査は、種々の条件、慣習などを十分考慮して、最も適当と考えられる監査技術を選択・適用して、能率的、効果的に進めなければならない。

　　なお、各科目ごとに、総勘定元帳と貸借対照表を照合しなければならないから、まずこの照合を行った後で、各科目ごとに監査することが必要である。

① 現　金

　　現金とは、通貨のほか小切手、郵便為替証書、振替貯金払出請求書、利札などをいう。現金実査には責任者又は担当者の立会いのもとで行い、その結果が不一致であったとしても直ちに虚偽不正があると速断してはならない。

　　現金実査は、組合が保有する手形及び有価証券並びに預金の実査と同時に行うものとする。手形、有価証券、預金は直ちに現金化されるので、これが現金の過

不足をこれらの科目の操作によって偽装するおそれがあるからである。

イ　現金の収支に関して、内部統制組織が完備され、これが適当に運用されているかを監査する。

ロ　現金出納帳を閲覧し、毎日の現金残高が記入されているかを確認する。

ハ　現金保有高を実査し、現金出納帳及び総勘定元帳の残高と照合し、かつ試算表、貸借対照表に表示された金額と突合せを行い、現金保有高と、各帳簿、諸表と完全に一致しているかを照合する。

　現金実査に当たっては、現金としてみなされていることが多い「不渡小切手」「メモ」「名刺」「保証書」などは、現金として認めてはならない。また、組合事業に関係のない預り金を一時受け入れる場合（例えば、組合員名義の定期預金の預入れを組合がとりまとめて行う場合、組合員の健康保険料、本部賦課金、関連団体会費などを、組合が取りまとめて納める場合、あるいは、グループ共済掛金を組合がとりまとめ保険料の支払をする場合などがある。）に、現金出納帳に記入しないことがあるから、預り金会計の現金出納帳を記入させ、預り金会計の現金保有高と同時に実査する。

　現金在高と帳簿残高と照合した結果、不一致のときには原始記録から記帳順に突き合せ、その差異を明らかにする。

ニ　収入については領収証を必ず徴収しなければならないが、これらの証憑書類を十分吟味し、宛名及び日付便に支払関係記録（例えば、仕入請求書、費用内訳明細、物品受領関係書類など）を検討するとともに、領収証のない支払については、その理由を究明する。

ホ　現金保管（場所、方法）は責任者により承認されたものであり、かつ、これが適当なものであるかを検討する。

ヘ　現金の保有高は、日常の業務分量に比して、適正な額と認められるか、一時点で過大と思われる残高がある場合、その原因について調査し、できるだけ現金は手元に置かず預金するよう指導する。

ト　現金出納帳の記録が相当遅延している場合には、その原因を究明し、相当の理由がない限りこれを見過ごしてはならない。現金実査を行い、現在在高と記録された日までの帳簿残高を伝票によって逆算し、現金残高の正確性を確認する。

チ　小口現金を設けている場合には、小口現金出納帳の残高と現金保有高とを照合する。この勘定から他の費用科目に整理された証憑書類を吟味し、その処理の適否を検討する。この監査に当たっては現金監査に準じて行う。

リ　現金の収支を示す証憑と照合し、正当な記帳が行われているか否かを確認する。

② 預　金

名義、金額などについて証書又は通帳を検査し、預金出納帳及び総勘定元帳と照合ののち出納の経過内容を検討する。

イ　当座預金については、預金先より期末現在の残高証明書を入手し、関係帳簿を照合する。

ロ　残高証明書の金額と帳簿残高が一致しない場合には、その原因を検討する。

この場合調整表を作成し、その差額の正否を確認する。

調整表の1例は以下のとおり。

```
           当 座 預 金 調 整 表
            平成○○日3月31日現在
     商工中金残高証明書                    ￥ 20,000
     差引　支払決済小切手                  ￥ 20,000
           ＃ 753    ￥ 1,500
           ＃ 999    ￥ 3,500             ￥  5,000
     当座預金出納帳残高                    ￥ 15,000
```

ハ　預金出納帳記入の日付と金融機関に預け入れられた日付とを比較照合するとともに、使用済みの小切手帳控、預金通帳の記入欄などにより、預入れ・払出しの事実を預金出納帳と突合し相違していないかを確かめ、預入れが、相当期間相違している場合、記入されていない預入れ、払出しの事実があった場合は、流用又は浮貸の有無について検査する。

ニ　預金に使用する印鑑及びその保管方法又は払出し・預入れの方法などについて、内部統制組織が十分運用されているかを検討する。

ホ　退職給与引当預金、異常危険準備預金、建設積立預金、その他の特定目的のため特定預金がある場合には、そのための相手勘定（退職給与引当金、異常危険準備金、建設積立のための出資預り金など）の金額以上が積み立てられているかを検討する。

へ　当座預金については当座借越契約の有無を調べ、預金残高がないにもかかわらず振り出した小切手（先口附小切手あるいは取引上の慣習などのため）がある場合には、通常の小切手振出と同様に帳簿に記入され、証憑書類を整備させなければならない。

③　受取手形

期末日に保有する手形については、手形の種類、番号、振出月日、満期日、裏書人、振出人、支払場所など、手形要件を記載した明細表を作成し、組合が現に保有する手形は監査人自ら実査し、他に保管されている手形は保管の証書、通帳を検査し、保管人に確認を求め明細表と突き合せる。

手形の実査は、監査年度の最終日に実施することが望ましいが、経過後に行う場合は、既に満期となり、決済された手形及び割引された手形については、代金収納を帳簿その他により勘定突合せをして確認する。

イ　手形記入帳と総勘定元帳との残高、明細表と照合し、相違する場合はその原因を究明する。

ロ　手形中に不渡があるときは、その回収見込み、回収方法について質問し、償還請求の手続が完全に行われているかを検討する。

ハ　手形貸付（証書の代わりに手形をもって組合員に貸し付けるもの）と商業手形（一般の商行為による決済を手形で行うもの）とを区別して表示しているかを検討し、混同している場合は、前者を手形貸付金勘定に後者をこの勘定で処理させる。

ニ　融通手形は単に金融を目的とするもので、相互に手形を振り出して、これを割り引いて融通するものをいうが、組合内部のもの、特定関係者の手形は特別に検討しなければならない。融通手形は、事業により受け取った手形と混同して記載されていないかを勘定分析して検討する。なお、融通手形は継続的に書換えするものが多いから同一金額で同一の支払人で一定期間ごとに受け取られているものについて検査し、かつ、支払手形勘定においても、同様の傾向があるものを検討することが必要である。これを簿外で操作する場合があるから、このおそれがある場合は、借入金勘定、支払利息勘定についても吟味する。発見した場合は、改善方法を勧告する。

ホ　手形記入帳のほか、期日管理表などを作成して、資金の管理に注意を払って

いるかどうかを質問し、手形管理の不手際によって円滑な手形取引が阻害されていないかを吟味する。

　ヘ　受取手形は、売掛金回収によるものが多いから、売掛金勘定の監査に準じて監査し、人名別勘定を吟味し、金額、振出人（裏書人）、期間などを検討する。

④　売掛金（チケット未収金を含む。）

取引の慣習、販売品種、販売方法、業界の事情などについてあらかじめ実情を了解しておくことが必要であり、監査に当たっては、監査年度末現在の売掛金勘定残高を人名別に明細表を作成し、総勘定元帳及び売上元帳（供給元帳）と照合した後、その経過内容を検討する。

　イ　売掛金勘定の内容を検査し、係争中の項目又は支払期限経過のものについては責任者に説明を求める。

　ロ　売掛金勘定に販売活動以外の債権、例えば固定資産売却未収金、貸付金などが含まれていないかを確かめ、含まれている場合には、他の適当な勘定に振り替えさせる。

　ハ　売掛金のうち、返品などのため貸方残（返品、誤受、受取超過などのため組合で返金しなければならなくなったものなど）となっているものについては、その額を、脚注に表示させるか、あるいは適当な科目に振り替えさせる。

　ニ　貸倒償却を行った売掛金については、貸倒の事実があったことを照合し、責任ある役員が正当な手続で承認を与えたものであるかを確認する。

　ホ　売掛金残高については、相手方に照合して確認を求める。

　ヘ　売掛金の回収に際しては、不正が行われやすいから特に留意すること。

　ト　売掛金の貸倒償却や回収遅延がある場合は、税法の特典を利用しているかを勘定突合せする。

　チ　売掛金の滞留期間（年齢調べ）の調査をする必要がある場合は、次の様式を参考とすべきである。

第 7 章　監査制度

売　掛　金　年　齢　調

平成○○年3月31日現在

組合員名 （得意先）	売掛金 残　高	売　掛　滞　留　期　間					最近の入金	
		30日以内	60日	90日	120日	120日以上	月日	金額

⑤　有価証券

　　期末日に保有する有価証券の種類、記号、発行先、金額（額面並びに帳簿価格）などを記載した明細書を作成し、総勘定元帳及び有価証券台帳と照合するほか、有価証券の価格は、適正な基準で評価されているかを確認する。

イ　保有有価証券を実査し、保護預り、担保、その他の理由でほかに保管されているものは、保管人に確認するか、これにかわる確実な証拠をもって、その結果を上述の明細表と突き合せる。

ロ　有価証券の取得は、組合事業に関係するものかを役員に確かめ、投機的なものや組合目的達成に関係のないものが含まれている場合は、警告を発する。

ハ　有価証券で記名式のものについては、名義を確かめ、他人名義になっているものがあるときは改めさせる。

ニ　有価証券の保管は適当であるかを検討する。

⑥　未収金

　　未収金には、事業及び事業外の未収金とがあって、当期に組合が当然受け取るべき債権であり、それぞれの科目に明細表を作成させ総勘定元帳及び補助簿を照合する。

イ　事業上の未収金は売掛金に準じて監査する。

ロ　賦課金の未収金、その他の事業外の未収金は、期末における決算処理として計上されるものが多い。各科目別に勘定分析を行い未収として計上することが適当でないものや未収計上漏れがないか、計算が正確であるかを確認する。

⑦　未収収益

未収収益は、一定の契約に従い、継続した役務の提供を行う場合、既に提供した役務の対価に対して、いまだその対価の支払を受けていないもので、事業及び事業外の未収収益がある。
　イ　事業上の未収収益には、金融事業の未収貸付利息などがあり、期末までの分が計上されているかを確認する。
　ロ　事業上の未収収益には、預金の未収受取利息などがあるが、重要性に乏しいものについては計上しなくても差し支えないことに留意する。
⑧　貸付金
　ここにいう貸付金とは、組合員に対する貸付金をいい、貸付金は、証書貸付、手形貸付、手形割引などに分けられるから、貸付の種類別に貸付先、貸付金額、貸付月日、償還方法、貸付利率などを記載した明細表を作成させ、総勘定元帳、貸付金元帳と照合するほか、1組合員に対する最高貸付限度額を確かめ、これに違反しているものがないかを確認する。
　イ　貸付の方法及び条件などが定款、規約などに違反していないかを確認する。
　ロ　明細表による、期間を経過した貸付金並びに前号に係る貸付金や書換えによって回収が遅れているものがないかを確かめ、該当するものがある場合は、その事由及び貸付時の事情を調査し、その後の処理を検討する。
　ハ　貸付利率又は手数料は、適当であるかを検討する。
　ニ　貸付に当たって、利息を徴収していないものがないかを調査する。
　ホ　担保品のうちで保険に付すことが必要なものについて、この措置が講じられているかを確かめるとともに、保険金受領人が組合の名義になっているかを確認する。
　ヘ　回収不能のものについて、償却の途を講じているかを確認する。
⑨　商品、製品、原材料、仕掛品、半製品、副産物、作業屑、貯蔵品などは、その種類ごとに棚卸表（明細表）を作成し、総勘定元帳との各補助簿との残高と照合するほか、次の事項を検討する。
　イ　棚卸資産中に販売不能品、不良品、死蔵品などが含まれるかを実査、質問、その他の方法により調査する。
　ロ　棚卸品の評価方法は毎期継続して行われているか、変更した場合にはその理由を調査し、その適否を確認する。

第7章　監査制度

ハ　棚卸資産を不当に増額、減額させていないかを確認する。この場合には、次の各点に留意する。

①評価基準の適否、②原材料、商品の取得原価に引取運賃、保管料、保険料が含まれている場合は、それらの適否を吟味する。③仕掛品、製品、半製品などの原価計算方法を調査し適正な基準による評価がなされているかを確認する。④棚卸資産が取得価格より低く評価されている場合には、相場、商況、最近の傾向などを参照し、これが適正かを吟味する。⑤期首及び期末の棚卸資産が、同一の評価基準で評価されているかを確かめ、変更したことによって決算に重要な影響を及ぼしていないかを確認する。

ニ　実在していない棚卸資産を仮装して記載していないか、実在している棚卸資産を実在していないように処理していないかを確認する。

ホ　棚卸資産に、自己の使用する資産が含まれていないかを調査する。

ヘ　未完成工事（建設仮勘定）中の材料などをこの勘定に加算していないかを確認する。

ト　商品その他の棚卸資産のうちで、受払簿を有しているものがある場合は、棚卸表との突合せをし、その差が相当巨額に達する場合は、年間の取引関係書類を十分吟味し、前期及び後期の状況も調査する。

チ　担保品、預り品などを自己の棚卸資産に含めていないかなど、関係取引書類を吟味する。

⑩　立替金、前渡金、仮払金

総勘定元帳と補助簿の残高を照合し残高を確認するとともに、一覧表を作成させ、その内容を調整し検討する。

イ　立替金、前渡金、仮払金に含めてはならない項目が含まれていないかを検討する。

ロ　立替金の相手方、金額、内容を検討し、それが組合業務に関係あるものか、立て替えている期間は不当なものがないかなどを調査する。

ハ　立替金は実際に支出されたものか、他の勘定から振り替えられたものか、支払うこととなっているものを立替金として計上しているものがないかを調査する。

ニ　前渡金は業務上の必要によるものか、その他の理由によるものか、前渡金と

なっているが事実は貸付金の性質をもつ場合があるので確認し、貸付金の性質をもつ場合には、その相手方、期間、内容を詳細に検討する。
- ホ　仮払金は帰属する科目又は金額の未定な支払金を処理する科目であるから、帰属する科目又は金額が確定次第、明瞭性の原則により該当科目に振り替えるよう処理しているかを調査する。
- ヘ　立替金、前渡金、仮払金となっていたものについて、その後の整理状況を検討し、必要に応じて質問、照会をし、それが仮装して計上されていたものでないかを調査する。
- ト　設備費の前渡し、仮払いが前渡金、仮払金の科目に含まれている場合は建設仮勘定に移させる。

⑪　前払費用

前払費用とは、監査年度において支出した費用のうち、次期の負担分として繰り延べされるもので、事業及び事業外の前払費用がある。

- イ　事業上の前払費用には、共済事業の再保険料、金融事業の支払利息、保管事業、施設利用事業の賃借料などがあるが、この費用の未経過分が正しく計算されているか、計算の根拠を求めて検討するほか、必要に応じて関係帳簿と証憑書類と照合する。
- ロ　事業外の前払費用は、一般管理費に属する支払保険料、賃借料、事業外費用に属する支払利息などに生じるが、重要性の乏しい場合は計上しなくても差し支えないことに留意する。

⑫　建物、構築物

権利証、登記書類の有無について調査し、所有権を確認する。取得価格は、買入価格や製作価格に基づいているか確かめるとともに、固定資産台帳の残高と総勘定元帳残高と照合するなど、その実在性と保全管理、評価の適当性を検討する。

- イ　権利証、登記書類に記載された内容と実際とを照合する。
- ロ　所有権が組合になく、他人名義の場合にはその条件を検討し、必要によって借用の適否を確認する。
- ハ　建物が組合の利用に供しているものか、他の利用に供しているものかを調査し、他の利用に供している場合にはその理由、賃貸借料の基準、受取方法など

第7章　監査制度

　　　　を吟味し、その適否を確認する。
　　ニ　建物について保険を付しているか、保険を付している場合はその契約書を閲
　　　　覧する。
　　ホ　固定資産に関する支出については、その適否を確認する。
　　ヘ　建物の減価償却の方法及び償却率などを調査し、それが実情に合致した方法
　　　　で行われているかを閲覧する。
　　ト　建物、構築物に対して抵当権が設定されている場合は、その内容を契約書な
　　　　どにより吟味する。
　　チ　修繕費の支出内容を分析し、資本的支出（改良、修理などによる資産の実質
　　　　的な使用可能期間を延長させる部分又は当該資産の価格を増加せしめる部分に
　　　　対応する支出）として固定資産に導入すべき項目がないか調査する。また、こ
　　　　れと反対に固定資産が増加した場合に損失となるべき費用を資本的支出として
　　　　いないか調査する。
⑬　機械及び装置、車両運搬具、器具備品
　　固定資産台帳と総勘定元帳の残高との照合を行い、その価格を確かめるととも
　に、その明細表を作成し、次の事項を検討する。
　　イ　明細表をもとに評価額が適正であるか、減価償却を行っているか、不明のも
　　　　のは含まれていないか、陳腐化したものはないかを確かめる。その償却方法、
　　　　計算などを調査し、それが適当であるかを確認する。
　　ロ　不要なものを処分した場合は、その処分の顛末を調査し処分価格と経理処理
　　　　が的確に行われているかを調査し、陳腐化したものの対策について調査する。
　　ハ　現有のものに対する保険の有無とその現有の適否を調査する。
　　ニ　備品中に消耗品に属するものが含まれていないかを調査する。
　　ホ　これらの保全管理について完全を期しているかを確認する。
⑭　土　地
　　固定資産台帳と総勘定元帳の残高を照合し、それが登記されているものか、所
　有権が組合名義となっているかを確かめるほか、次の事項を検討する。
　　イ　土地の評価は正しく評価され不当のものではないか、買い入れた当時の買入
　　　　価格に不当なものはないかを調査する。
　　ロ　土地取得の事由を確かめ、組合で利用しないものはないか、他に利用されて

いる場合には契約が完備しているか、賃貸料を適正に受け取っているかなどを調査する。

ハ　地上権、借地権等を土地として計上していないか、権利取得の手続を確認する。

⑮　無形固定資産

無形固定資産とは、特許権、借地権（地上権を含む。）、商標権、意匠権、借地借家権、鉱業権、電話加入権などを有償で取得したものに限り計上することができるから、実際の支出があったかを関係証拠書類で調査するとともに、その評価の妥当性を検討する。

イ　無形固定資産の各項目について総勘定元帳と照合する。

ロ　減価償却は行われているかを確認する（電話加入権を除く。）。

ハ　減価償却の方法は、各資産から直接控除（減価償却引当金を設けない。）する直接法によって行われているかを確認する。

ニ　無価値なものは償却させるよう指導する。

ホ　借地借家権は、期間内で償却しているかを確認する。

⑯　外部出資

外部出資とは、商工中金、所属連合会などに対する出資勘定であってその表示額は払込済額を表示するものであるから、その実在性を調査する。

イ　補助簿と総勘定元帳と照合する。

ロ　出資先の内容に関し、実際上に休止あるいは消滅しているものがないかを確認する。

ハ　出資先のうち、組合の事業活動に不必要なものが含まれていないかを確認する。

⑰　繰延資産

繰延資産は、創立費、開業費、開発費などをいい、施設負担金のように費用として支出した金額を一時に全額損失に計上せず、数事業年度にわたって繰り延べして損失に計上するものであるから、諸帳簿と照合して、その実在性を確認する。

創立費は、その額が創立総会で承認を受けた範囲であり、かつ償却の方法についても同様であるかを確認する。

第7章　監査制度

⑱　支払手形

　　支払手形とは、組合事業による基づいて発行された手形であって満期日の到来しない未決済手形をいう。金融のために発行された手形は、この勘定で処理せず、転貸借入金勘定とし支払手形の発行数が多い場合は、支払手形一覧表を作成し総勘定元帳、支払手形記入帳と照合する。

　　なお、監査に当たっては、受取、支払手形勘定における同一のものや金額がある場合は、融通手形のおそれがあるから十分検討しなければならない。

　イ　監査日が決算日から経過した後で行われる場合は、決算日以降の手形記入帳を吟味するとともに、手形発行控と支払済みの手形を提出させ、手形記入帳と照合し、発行と支払が正確に記入されているかを確認する。

　ロ　買掛金の支払のために支払手形を発行したものについては、買掛金の監査に準じて監査し、仕入先人名口座に現われた支払金額と突き合せる。

　ハ　支払手形発行の手続、署名人、印鑑（保管及び使用印鑑の適否）などを調査し、その適否を確かめるとともに、内部統制組織の運用について調査をする。

　ニ　手形の満期日に、支払計画（資金計画）が立てられ、円滑な手形取引が行われるように管理されているかを確認する。

⑲　買掛金

　　監査年度末現在の買掛金残高を人名別（若しくは店名別）に明細表を作成させ、総勘定元帳及び仕入元帳（買取元帳）と照合するとともに、次の事項を検討する。

　イ　買掛金勘定の内容を検査し、係争中のものや長期未払になっているものは責任ある役員に質問し説明を求める。

　ロ　一切の買掛債務が記帳されているかを確かめるため、監査年度経過後の現金、預金出納帳の支払記帳、商品、原材料等の購入注文書、購買報告書、送り状、納品書、請求書などを照合、証憑突合せをする。

　ハ　前期末の買掛金勘定残高に、本期中に仕入れた商品代金の総額を加え、これより本期中に支払った商品代金の総額を差し引いた残額と買掛金勘定の残高と一致するかを確認する。

　ニ　割引や値引き返品は、適正に処理されているかを確認する。

　ホ　買掛金の記入漏れや次期のものを前期に繰り入れ、二重記入がないかを確か

めるため、決算日の前後の取引関係書類と仕入帳並びに商品出納帳、購入報告書などを調査する。

　ヘ　買掛金勘定を分析し、本勘定に属してはならない他の項目が混入していないかを確認する。

　ト　買掛金残高明細表（又は仕入元帳）のうちに、返品などにより貸分となっているものがないかを確認し、貸分となっているものがある場合は、仕入先の信用状態や処理状況などを責任ある役員に質問する。これらがある場合は、適当な科目に振り替えさせる。

　チ　買掛金の支払を行った場合には、現金勘定又は預金勘定に相当する記帳があるかを勘定突合せをする。

⑳　短期借入金

　短期借入金の補助簿ないしは明細表と総勘定元帳の残高を照合してこれが合致しているかを確かめ、次いでその借入先、借入条件、使途及び償還の経過を検討するとともに、次の事実を検討する。

　イ　借入金残高の最高限度額を把握し、この限度を超えて借り入れていないかを確認する。

　ロ　借入先は正規の金融機関であるか、借入方法は正規の手続によっているかを確認する。

　ハ　借入金の使途、償還方法が適切なものであるか、無理のない状態で償還されているかなどを調査し、確実に返済されているかを確認する。

　ニ　借入れが証書の場合には証書を吟味する。不当な利率が支払われていないか、借入れに際し、正規の費用以外のものが支出されていないかを分析し確認する。

　ホ　組合員に転貸するものは、借入れと転貸との期間に相当のずれ（浮貸や流用のため）がないか、また、貸付金額と借入金額が見合っているかの照合を行う。

　ヘ　借り入れたこととなっているものに仮装のものはないかを確かめ、特に正規の金融機関以外のものに対しては必要により、照会し確認を行う。

　ト　この勘定とともに支払利息を吟味し、定期的に利子を支払うこととなっているものが不確実に支払われているような場合にはその内容を調査する。

第 7 章　監査制度

㉑　未払金

　　未払金は、事業及び事業外の未払金があり、当期に当然支払うべき債務をいうのであるが、未払金については明細表を作成させ、総勘定元帳及び補助簿と照合するとともに、その内容の適否を検討する。

　イ　未払金は決算のために計上されるものが多いから、決算処理の適否について検討し、特に利益を隠蔽するために経費未払としていないかを十分吟味する。

　ロ　未払金は決算後次期において支払われるものであるから、監査が決算日より経過して行われる場合は次期の支出状況を検討し、長期にわたって支出しないもの、他の勘定に振り替えられたものがある場合は解明する。

　ハ　未払持分は、定款の規定に基づき計算されているか、また、剰余金の部分の払戻額についてはみなし配当の源泉税を徴収しているか調べる。

㉒　未払費用

　　未払費用は、一定の契約に従い、継続して役務の提供を受ける場合、既に提供された役務に対して、いまだその対価の支払が終わらないもので、事業及び事業外の未払費用がある。

　イ　事業上の未払費用には、金融事業の未払支払利息、保管事業、施設利用事業の未払賃借料などがあり、期末までの分が計上されているか確認する。

　ロ　事業外の未払費用には、一般管理費に属する賃借料や事業外費用に属する支払利息などに生じるが、重要性の乏しいものについては計上しなくても差し支えないことに留意する。

㉓　預り金

　　預り金とは、借入金などの借入債務と異なり一時的な事業上、あるいは内部関係のための諸預り金をいう。この監査に当たっては、預り金明細表を作成させ、これと総勘定元帳及び補助簿と照合するとともに、預り金勘定を分析して、この勘定が預り金として妥当なものであるかどうかを調査するとともに、長期にわたって処理されていないものがある場合は、理由、原因を検討するとともに、次の点に注意する。

　イ　組合員からの出資預り金は、できるだけ期末までに出資金に振り替え、出資１口の金額に満たない金額が残っているかを調べる。

　ロ　組合員から、預金の性質を有するものを受け入れてはいけないので、預り金

の内容に注意する。

㉔ 仮受金、仮受賦課金

仮受金とは、処理すべき勘定が未確定又は金額が確定しないような場合において一時的に金銭の受入れを処理する勘定科目である。

監査に当たっては、仮受金明細表を作成させ、これを総勘定元帳及び補助簿と照合するとともに、次の分析を行う。

イ 仮受金勘定を分析し、この勘定が真に一時的なものであるかを確かめ、もし長期間にわたって処理されずにあるものがある場合は、理由、原因について検討する。また、次期に属する売上げなどの収益を仮受金をして処理していないか吟味する。

ロ 仮受賦課金については、法人税基本通達14-2-9によって正しく仮受額の計算が行われているか、また、仮受金の計算は正当であるかを確認する。

㉕ 前受金

前受金には、商品、製品等事業代金の前受金及び講習会等の参加料あるいは賦課金等の前受金がある。

前受金は、商品の納入、役務の給付、工事完了による引渡し、講習会の実施、賦課金を負担すべき期間の到来等により収益に振り替えられるものであるから、その計算が正確であるかを確かめる。

㉖ 前受収益

前受収益とは、既に収受した収益のうち、次年度に属する部分の金額を負債とみなして繰り延べるもので、事業及び事業外の前受収益がある。

イ 事業上の前受収益には、金融事業の貸付利息、施設利用事業の利用料、共済事業の受取共済掛金などがある。この勘定は、決算処理として計上されるものであるから、計上された計算が正確であるかを確かめるほか、前受収益が計上された以外にも前受収益として計上されるべきものがないか検討し、収益勘定を分析する。

ロ 事業外の前受収益は、職員からの受取家賃、貸付利息など事業外収益に生じるが、重要性の乏しいものについては計上しなくても差し支えないので留意する。

㉗ 長期借入金

第7章　監査制度

　　　長期借入金とは、返済期が決算日より返済期までの期間が１年以上の借入金をいう。この監査は長期借入金明細帳と総勘定元帳と照合するほか、短期借入金の監査に準じて行う。
㉘　引当金
　　引当金には、負債の性質を有する賞与引当金、退職給与引当金、評価勘定としての貸倒引当金、減価償却引当金、その他がある。
　　この監査には総勘定元帳と補助簿と照合するとともに、それぞれの勘定についてはその内容を分析し、監査年度間における変動を吟味するが、次の点について留意する。
　イ　引当金の設定、繰入及び処分に関する会計処理の手続を確かめ、特にその対照勘定についても吟味する。
　ロ　貸倒引当金の計上内容、計算が正当であるかを確かめる。
　ハ　退職給与引当金は、定款に定められた額が確保されているか、退職給与の支払を目的に特定預金等に預託されているかを確認する。
㉙　出資金
　　組合員名簿（台帳）と総勘定元帳を照合し、残高を確かめ、次いで出資割合の制限を超えている組合員はいないか、払込みは定款の規定に基づき現金又は現物で行われているかを払込証、伝票などによって調査するとともに、出資の変動が適正に取り扱われているかを検討するほか、次の事項を調査する。
　イ　出資の受入れに当たって、加入金、増口金を徴しているか、それらは総会で決定した額を徴収しているかを調査する。
　ロ　脱退者に対して払い戻すべき金額は法令及び定款の規定に基づき行われているかを調査する。
　ハ　配当金から振り替えることによって出資の増加を図り、また、損失の補てんのために出資の減少を行っている場合には、それの適否を検討する。
　ニ　現物出資の評価が適正に行われているかを確認する。
　ホ　出資総額等の変更等の登記は確実に行われているかを確認する。
㉚　資本剰余金、利益剰余金
　　資本剰余金には、資本準備金（加入金、増口金）、その他資本剰余金（出資金減少差益など）、利益剰余金には利益準備金とその他利益剰余金（教育情報費用

繰越金、組合積立金、特別積立金、当期利益剰余金又は当期損失金、繰越利益剰余金又は繰越損失金など）があるが、その積立方法が適正であるかを定款の規定に照らして確認する。

　　イ　利益準備金は、損失のてん補、持分の払戻しに充てる以外は取り崩してはならないこととなっているので、取崩の内容を調査する。

　　ロ　資本準備金である加入金、増口金については、金額が正しい計算に基づいているか確認する。

　㉛　偶発債務、偶発債務見返り

　　偶発債務勘定は、組合員の債務を保証し、また、受取手形を裏書譲渡した場合に設ける対照勘定であって、債務者が債務の履行をしない場合に債務者に代わって、弁済しなければならない義務を表し、偶発債務見返勘定は、このような場合債務者に対する求償権を表す。債務者が債務を完済した場合は、両者の反対仕訳を行い相殺する。本勘定は一種の備忘記録であるから、貸借対照表の脚注に件数と金額を表示する。この勘定には、手形裏書義務、同見返り、保証債務、同見返りなどがあるから、組合の受取手形台帳を検査し、裏書譲渡したものがあるかを確かめ、保証事業を行っている場合は、保証債務元帳を検討する。

3　損益計算書監査

(1)　一般監査項目

　①　損益計算書の形式

　　損益計算書の形式には、通常2種あって、1つは、左に費用の部、右に収益の部を対照させたものを勘定式といい、2つは上より下へ順に売上高、次いで売上原価、諸経費、最後に当期利益剰余金を表示したものを報告式という。

　　組合会計基準に準拠して勘定式を採用することが望ましいが、事業活動が一般企業に類似している組合にあっては、報告式により作成しても差し支えない。

　②　損益計算書の内容区分

　　損益計算書は組合の業績を表示するため、次の区分が行われているか調べる。事業別に事業収益、事業費を記載し、さらに賦課金等収入、一般管理費、事業外収益、事業外費用を記載し経常利益金額（経常損失金額）を計算する。

　　経常利益金額（経常損失金額）を受けて、特別利益、特別損失を記載し、当期純

第7章　監査制度

利益金額（当期純損失金額）を計算する。

(2) 個別監査項目

① 売上高

イ　売上高に関する会計記帳及び代金収受の状況を検査し、それらに内部統制組織が完備して運用されているか、あらかじめ定められた手続によって処理され、それが適当であるかを閲覧する。

ロ　売上帳の合計残高と総勘定元帳の合計残高とを照合して、合致しているかを確かめる。必要に応じて売上元帳（供給元帳）の各取引先に対する売上を合計し、総売上高を照合する。

ハ　売上記帳は、時価主義によるものと原価主義によるものとでは記帳の処理が異なる。すなわち、時価主義によれば、供給価格は時価によって決定されるから利益率は個々の商品よってそれぞれ異なり、一般の商品売上勘定と同様の処理を行うが、原価主義は、供給品に一定の手数料率を賦課するため、損益分記法によって処理されることが多い。したがって、時価主義による場合には、売上高に対する差益額（率）が適当なものであるかを検討する。原価主義の場合には、手数料のみの表示で売上高を計上しないものが多いが、この場合には脚注に取得高を表示しているかを閲覧する。手数料のみで表示するのは組合が債権債務の関係にないものに限る。

ニ　売上に関する記録（売上伝票、納品伝票、受領書、出納伝票など）を閲覧して、販売した物品の単価、数量、金額を証憑突合せし売上代金の計算に誤りがないかを伝票突合せをする。

ホ　売上勘定を分析して、これに算入してはならない科目、例えば、固定資産売却代金、雑収入、次期に属する売上げ、積送品又は架空売上げ、二重記帳などが混入していないかを確認する。

ヘ　売上勘定の記帳のうち、現金販売については現金（当座預金）勘定を、信用販売については売掛金勘定を、手形販売については受取手形勘定をそれぞれ勘定突合せをし、売上勘定の計上と同時にその売上金額をもってこれに対応する勘定記入がなされているかを確認する。

ト　支所、出張所に対する発送を売上勘定に記帳している場合は、期末に内部利益から除いているかを確認する。

チ　戻り品、値引きなどは正しく処理されているかを確かめるため、返品伝票又は値引を承認するに足る資料を照合する。これ以外の売上勘定の借方記入（例えば単価、金額の訂正割戻しなど）についても同様である。

リ　商品又は製品の発送に関する記録と照合し、売上高の計上に関しあらかじめ定められている基準が守られており、かつ売上高計上の日時が適当であるかを確認する。

② 受取手数料

受取手数料は、組合事業活動によって徴収する手数料であって、受取購買手数料、受取販売手数料、受取受注手数料、受取斡旋手数料、受取貸付手数料、受取保証料、受取加工料、受取運送料、受取検査料、受取保管料、受取施設利用料、受取試験研究（分析）手数料、受取事務代行手数料などがある。

各事業別手数料の徴収基準について、定款、規約又は総会議事録を検討し、これに違反していないかを確認するとともに、次の事項を確認する。

イ　各受取手数料補助簿と総勘定元帳を照合し、合致しているかを確かめる。必要によって各事業別収入元帳の各取引先の発注額を合計し照合する。

ロ　受取手数料勘定を分析し、これに算入してはならない科目、例えば固定資産売却代金、雑収入、次期に属する受取手数料又は架空受取手数料、二重記帳などが混入していないかを確認する。

ハ　受取手数料のうち、現金収入の場合には現金勘定を、未収の場合には未収金勘定を、手形による場合には受取手形勘定をそれぞれ検討し、受取手数料勘定の計上と同時に収入金額をもってこれに対応する勘定記入がなされているかを確認する。

ニ　受取手数料勘定の借方記入を検討し、これに不当、不正なものがないかを確認する。

ホ　受取手数料に関する記録、入金伝票、振替伝票、現金受領証、出納帳などを閲覧しその計算の基礎となる単価、数量、金額を検算し、手数料の計算に誤りがないかを確認する。

ヘ　員外利用における手数料率は組合員と比較して妥当であるかを確認する。

③ 賦課金等収入

賦課金等収入には、一般管理費に充てるための賦課金収入、特別の事業に充てる

第7章　監査制度

ための特別賦課金収入、参加料収入、負担金収入などがある。これらの賦課金は、あらかじめこれらの費用に対応した額を徴収すべきものとされている。したがって、経済事業の費用を賦課金で徴収することは避けなければならない。

　賦課金等収入の監査に当たっては、以下の点を検討する。
イ　賦課金の賦課基準を調査し、それが妥当なものであるかを検討する。
ロ　賦課金収入帳、総勘定元帳とを照合する。
ハ　賦課金勘定を分析し、期日に遅れているもの、あるいは未収となっているものを計算し、その事由について質問する。未収になっているものについては、未収金勘定を設け債権管理に適切な手段を講じているかを確認する。

　参加料収入は特定の事業に参加する組合員から徴収する参加料を、負担金収入は、共同施設の償却費、借入金の利子等組合の費用を組合員に割り当てて徴収する場合の負担金を処理する。なお、教育情報事業賦課金は組合会計基準では事業収益に計上することとしているが、賦課の際に他の賦課金と区別して徴収してあり、事業が翌年に繰り越され、しかも賦課金に残額を生じた場合には、仮受賦課金として翌年度へ繰り越すことが税法上認められている（法人税基本通達14－2－9）。ただし、その場合、他の事業と区別した分別経理が必要であることからこの制度を正しく利用しているかを確認することが必要である。

④　事業外収益

　事業外受取利息、事業外受取配当金、協賛金収入、加入手数料、雑収入などがある。協賛金、加入手数料は賦課金等収入の監査に準じて行い、受取利息、受取配当金は、預金、有価証券、関係先出資金との関連を調べ、期日到来分が計上されているかを確かめる。

⑤　製造（売上）原価

　製造（売上）原価に関する会計記録及び支払の状況を検討し、内部統制組織が完備して運用されているか、定められた手続によって処理されているかを確認する。
イ　材料費、労務費、経費は、計算記録を証拠資料と照合し、それが仕入、製造費等に適正に配賦されているかを確認する。
ロ　製造（売上）原価勘定を分析し、算入してはならない科目がないかを確認する。
ハ　製造（売上）原価関係補助簿と総勘定元帳を照合し合致しているかを確認す

ニ　製造（売上）原価の計算記録を検討し、各種費用が仕掛品、製品等に適正に配賦されているかを確認する。

　　ホ　製造（売上）原価の監査については他の費用項目の監査に準じて行う。

⑥　仕入高

　　商品仕入に関する会計記録及び支払の状況を検討し、これに内部統制組織が完備して運用されているか、定められた手続によって処理され、それが適当であるかを確認する。

　　イ　商品仕入には、組合員から仕入れるものと、取引先から仕入れるものがあるが、仕入帳合計額又は仕入元帳の各仕入先から仕入総計と総勘定元帳を照合し合致しているかを確認する。

　　ロ　商品仕入に関する記録（仕入伝票、購入伝票、受領書、商品出納帳など）を閲覧し仕入れた物品の単価、数量、金額を証憑突合せをし、仕入代金の計算に誤りがないかを伝票突合せをする。

　　ハ　仕入勘定を分析して、固定資産購入代金、前払金、経費などの勘定に含めることができない項目が混入していないか、架空の仕入、二重記帳などが混入していないか証憑突合せをする。

　　ニ　仕入勘定の記帳のうち現金仕入については現金（当座預金）勘定を、信用仕入については買掛金勘定等の記帳について、買掛金勘定、現金勘定、支払手形勘定等の貸方記入と照合し、商品、原材料等の購入が正しく記録されているかを確認する。

　　ホ　仕入返品・値引に関する資料を閲覧して確認する。仕入勘定の貸方記入についてもそれが正当なものであるかを確認する。

⑦　事業費、一般管理費、事業外費用

　　事業費、一般管理費、事業外費用の監査に当たっては、次の点に留意する。

　　イ　各科目ごとに勘定分析を行い、算入してはならないものが含まれていないかを確認する。

　　ロ　各科目ごとに証憑突合せを行い、支出と証拠が一致するかを確認する。特に架空支出（証憑偽造するなど）、二重記入などによる不正はないかを確認する。

　　ハ　各科目ごとの貸方訂正記入を確認し、それが正当な理由（例えば未経過費用計

第7章　監査制度

　　　上のため）によるものであるか証拠関係書類を検討して確認する。
ニ　本費用勘定が統制勘定で処理されている場合には、費用明細帳の合計額と総勘定元帳と照合し合致しているかを確認する。
ホ　本費用の支出に関する内部統制組織が完備して運用されているか、定められた手続によって処理され、それが適当であるかを確認する。
ヘ　証憑書類（受領書）のないものについては、この支出を証明するために責任ある者の支出証明書が添付されているかを確認する。
ト　次の費用項目については、次の点について留意する。
　　i　役員に対する報酬は、総会で承認された額以内で支出されているかを確認する。
　　ii　旅費交通費については、実際に使用したことを証する資料、例えば、出張報告書、回数券使用報告書、回数券出納帳などを閲覧し、適当なものかを確認する。職員に対する交通費の支給の場合には、定期券などの支給事実を調査するとともに、経費として認定される限度を超えたものの支給がある場合には給与として計算されているかを検討する。
　　iii　消耗品費、事務用品費については、少額の場合は、証憑突合せによって支出の正否を確認する。多額にわたる場合には支出内容を検討し、組合の事務量に適応するものであるかを確認する。また、物品出納帳、使用報告書などを閲覧し、不正使用（私用を含めて）がないか検討する。
　　iv　接待交際費については、あらかじめ定められた予算を超えて支出していないかを確認する。必要以外に支出していないか、架空のもの、他の費用科目に属するものの有無、領収書の正否（特に水増しして書き込む場合に備えて筆跡などに注意する）などを調査する。
　　v　減価償却費について、その計算が適正に行われているかを確認する。
　　　減価償却は、耐用年数（法人税法施行細則別表）に応じて計算することになるが、一括して償却するものを総合償却といい、その対象によって便利な方法をとるべきである。また、計算法には、定率法（一定の率によって計算するもの）と、定額法（耐用期間中に均等して計算するもの）があり、無形固定資産は定額法により計算するが、それを除いてはいずれによっても差し支えない。
　　vi　支払利息については、組合自身の事業に必要な借入金の支払利息と、組合員

に転貸するために支払った利息との2つがあって、前者は事業外費用に計上させ、後者は金融事業費のうちに含め、混合させてはならない。未経過に属するものがないかを確認する。支払利息の利率は計算し、不当なものがないかを確認する。

　　　　費用に占める支払利息の割合を検討し、占める比率が大きい場合は、資本量と事業量とを比較し、資本の増加を図る必要がある。
　　vii　支払割引料については、組合で受け取った手形を金融機関が割引した手数料と、金融事業による手数料があって、前者は、事業外費用に計上させ、後者は金融事業等に含め混合させてはならない。この監査については、支払利息に準じて行う。
　　viii　雑費は他の費用科目に属さない少額の費用を包括したものである。したがって、この科目の内容は種々のものから構成されていることから勘定中に占める比率の大きい費用は別途計上させる。

4　財産目録、剰余金処分案（損失処理案）監査

(1)　財産目録監査

　　財産目録は、資産・負債を各勘定別に明細に表示し説明したものでなければならない。実務面においては、この作成を省略する向きがあるが、財産目録の監査に当たってはこの点十分に留意しなければならない。

　　なお、次の点を検討する。
　イ　財産目録の形式は組合会計基準に準拠しているかを検討する。
　ロ　財産目録は、資産、負債の内容を正しく詳細に表示しているかを検討する。
　ハ　正味財産の計算は正確であるかを検討する。この正味財産とは、資産総額より負債総額を差し引いた金額である。

(2)　剰余金処分案（損失処理案）監査

　　この書類は決算によって算出された当期純利益金額又は当期純損失金額に、前年度繰越剰余金若しくは繰越損失金を加減した金額を処分するための書類であって、この処分は、中協法、中協法規則及び定款の規定に基づき行われなければならないことに留意する。
　イ　当期純利益金額を加えた額をもって未処分剰余金とし、この額をもって処分額を

第 7 章　監査制度

　　　決定しているか、また、繰越損失金がある場合にはこの損失額を控除した額をもってしているかを確認する。
　ロ　未処分剰余金額は次の率で処分を決定しているかを確認する。
　　ⅰ　利益準備金…当期利益剰余金額の10分の1以上（中協法第58条第1項）
　　ⅱ　特別積立金…定款の規定による。
　　ⅲ　教育情報費用繰越金…教育情報事業を行う組合では、当期純利益金額の20分の1以上を次期の費用に充てるため繰り越さなければならない（中協法第58条第4項）
　　ⅳ　利用分量配当…配当制限はない。利用分量配当の分配基礎となるのは、各組合員別の手数料、利用料、売上高等である。分配基礎と異なる事業をいくつか兼営している場合には、各事業別の損益計算等が行われており、この利益を当該事業の組合員の利用率に応じて配当されていなければならない。したがって、利用分量配当の基礎となる金額は正しいか、出資金に応じて分配していることはないか、組合員との取引以外から生じた剰余金を分配していることはないかを調査する。
　　ⅴ　出資配当金は法律により年1割（企業組合では2割）に制限されているので、これを超える配当を行っていないか調査する。
　　　利用分量配当は、税法上損金算入が認められることから、税務申告の内容を検討する。
　ハ　利益準備金の積立最低限度額は、出資総額の2分の1（共済事業を行っている場合は出資総額）を下ってはならないから違反してはないかを確認する。
　ニ　損失がある場合は、これを補てんしない場合には配当してはならないから、これに違反してはいないかを確認する。
　ホ　損失の補てんの順序は、任意積立金を取り崩し、次いでその不足分について利益準備金を取り崩すようにしているかを確認する。

5　税務会計に関する監査

　組合の税務については、申告状況及び協同組合等に対する特別税制の利用状況を検討して申告書を閲覧し内容を確認する。
　非出資商工組合（例外として非出資商工組合が出版、事務代行等法人税法上の収益事

業を行っている場合は申告が必要になる）以外の場合は、税務申告が必要となる。また、各種の特例は税務申告が条件となっていることから、税務申告を行わないと利用することができなくなることに留意する。

申告状況については、申告書と申告期限（通常は事業年度終了後2か月以内、定款変更を行ったうえで税務署への届出により3か月以内も可能、ただし、利子税が課される。）までに提出しているか、また、組合として利用することが多い欠損金額の7年間繰越控除等の特典が利用できるように青色申告を行っているかを確認する。さらに協同組合等に対する特別税制を利用しているか確認する。

第7節　監査制度の改正について

1　監査制度の改正の目的

株式会社等については会社法が制定され、経済のグローバリゼーションが進行している。一方、中小企業や個人事業者等が相互扶助の精神に基づいて運営してきた組合制度について、近年、組合規模の拡大や異業種組合の増加などにより、自治運営が効果的に機能せず、また、共同事業が多様化しており、特に共済事業が拡大して、その結果破綻した事例も存在していた。

このため、①組合の自治運営が効果的に機能するよう、組合運営全般の規定を見直すとともに、②共済事業については、その健全性を確保するための措置を講ずることとなったのであり、組合の監査制度を強化すべく改正されたのである。

その監査制度改正の主な内容を列挙すれば次の諸点である。

　　イ　大規模組合の取扱い
　　ロ　員外監事制度の導入
　　ハ　監事の欠格事由と任期の変更
　　ニ　業務監査権の取扱い
　　ホ　監事による理事会議事録の署名
　　ヘ　監事に対するの損害賠償責任とその免除

第7章　監査制度

2　員外監事制度の導入

　組合は、組合員の自治により運営される組織であるが、共同生産、共同販売、共同購入といった事業を行うための組織であるという点において、会社組織と類似している。新しく会社法が制定され、会社組織全般に係る運営規定が改正されたのである。

　今回の改正においては、組合員の員数の多少に着目し、段階的に措置が導入されている。具体的には、組合全般に対して1,000人を超える組合（以下「大規模組合」という。）については、組合員が組合運営の当事者であるとの意識が希薄化し、自治運営を強化するため監事制度の改正がなされた。

　大規模組合については、組合員による自治運営が機能しにくいため、組合運営の状況を第三者による監査を受けるよう、監事のうち1人以上は組合員以外の者とすることを義務付けられた。

　なお、員外監事の導入が義務付けられる組合の監事については、業務監査権限が付与された。大規模組合の員外監事は監査の専門性の見地から選任されることが望ましい。

3　会社法と連動した監事の資格と任期

　中協法においては、会社法の規定に違反し、刑の執行終了から2年を経過しない者等が役員となることを禁止する役員の欠格事由を定め、監事については会社法第335条を準用している。

　業務運営を監視する立場にある監事の権限を強化すべく、監事の任期を定款に規定することを前提に3年以内から4年以内に延長することとなった。

　また、定款により監事の権限を会計監査に限定している組合の監事については、自らの権限が会計監査に限定されていることを認識しているので、任期期間中に監事に業務監査権限を付与する旨の定款変更を行った場合には、その事実を踏まえて新たに監事を選任することが適当である。したがって監事の権限を会計監査のみから業務監査に拡大する旨の定款の変更をした場合、それまでの監事の任期は満了する。

　なお、会社組織における監査役の任期は、旧商法において平成13年に3年から4年に延長され、会社法においては、監査役の任期は、4年とされ短縮は認められていなかったが、組合においては監事の任期を4年以内で定款で定める期間とすることになった。

4　業務監査権

　理事による業務運営に対する監視機能を強化するため、会計監査のみに限定されていた監事の権限を拡大して監事に業務監査権限を付与することとなった。また、理事の責任・義務が明確化され、監事の権限も明確化されたのである。

　一方、組合員数が少ない組合においては、組合員による自治が機能しやすいと考えられるので組合員の総数が政令で定める数（1,000人）を超えない場合は定款において監事の監査範囲を会計に限定できることとし、理事、監事の権限・義務を明確化している。

　なお、信用組合及び同連合会に関しては旧中協法第36条の4第1項において監事への業務監査権の付与が措置されており、理事及び監事の職務及び権限に関する規定は協金法第5条の5及び第5条の6で別途に措置されている。このため中協法第36条の3第3項及び第4項の規定は、信用組合及び同連合会には適用しないこととなっている。

5　監事の議事録署名及び損害賠償責任

　業務監査権限を有する監事が存在する組合については、監事による理事会の招集が可能である（中協法第36条の3第3項において準用される会社法第383条第2項）。しかし、監事の権限が会計に限定されている場合は、不可能である。したがって監事の権限が会計監査に限定されている場合、理事が組合の目的の範囲外の行為その他法令若しくは定款に違反する行為をし、又はするおそれがあると認められるときには、組合員による理事会の招集ができることとし、理事会の開催を請求した組合員は理事会に出席し意見を述べることができることとすべく、中協法第36条の6第6項において新たに会社法第367条を準用することとなった。

　また、監事に業務監査権を付与することに伴い、監事による理事会への出席及び意見陳述を規定する（中協法第36条の3第3項において準用する会社法第383条）ことから、会社法第369条第3項（取締役、監査役に対する取締役会の議事録の署名義務を規定）と同じように理事会に出席した監事については理事会の議事録への署名を義務づけることとなった。

　平成19年度の中協法等の改正により、役員の責任が一定程度強化されることに併せ、事業協同組合等の役員についても株式会社の役員と同様に会社法第426条及び第427条の規定を準用することとなった。総会の決議に当たり、組合員と理事・監事の質疑応答の

第 7 章　監査制度

機会を確保し、健全な組合運営がなされるように総会における理事・監事の説明義務が規定された。
　また、会計監査人の出席を求める決議がなされた場合には、会計監査人は総会に出席して意見を述べなければならないこととなった。

サービス・インフォメーション
──── 通話無料 ────
① 商品に関するご照会・お申込みのご依頼
　　　　　TEL 0120 (203) 694／FAX 0120 (302) 640
② ご住所・ご名義等各種変更のご連絡
　　　　　TEL 0120 (203) 696／FAX 0120 (202) 974
③ 請求・お支払いに関するご照会・ご要望
　　　　　TEL 0120 (203) 695／FAX 0120 (202) 973

● フリーダイヤル (TEL) の受付時間は、土・日・祝日を除く
　9：00〜17：30です。
● FAXは24時間受け付けておりますので、あわせてご利用ください。

中小企業等協同組合会計基準

2007年9月20日　初版第1刷発行
2025年6月30日　初版第20刷発行

編　者　　全国中小企業団体中央会
発行者　　田　中　英　弥
発行所　　第一法規株式会社
　　　　　〒107-8560　東京都港区南青山2-11-17
　　　　　ホームページ　https://www.daiichihoki.co.jp/

中小企業組合会計　ISBN 978-4-474-02352-9　C2034　(3)

Ⓒ2007, 全国中小企業団体中央会. Printed in Japan